本手册为浙江警官职业学院和浙江省十里丰监狱合作的"狱内自杀与暴力防控、矫正项目合作开发合同"部分研究成果。

狱内暴力防控手册

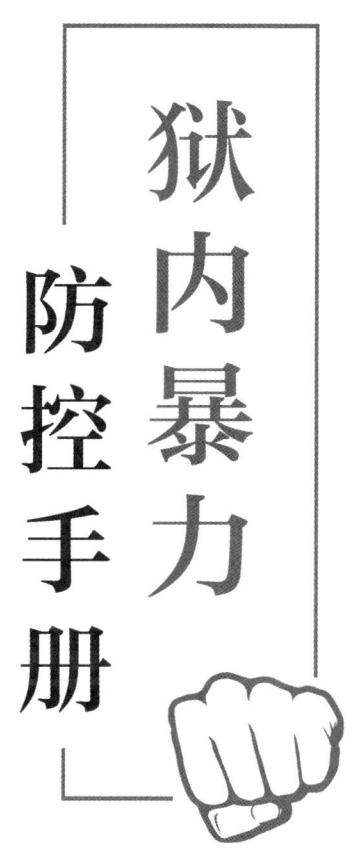

郭晶英　傅华军　付钊生◎著

YUNEI BAOLI FANGKONG SHOUCE

中国政法大学出版社

2022·北京

前　言

在监狱环境中，暴力行为发生的数量并不多，但从态势上看可以用"此起彼伏"来形容。监狱中有一些罪犯使用拳头、腿脚，或利用能够找到的有限工具，比如椅子、纱剪等，甚至自制刀具对他人施加伤害。这不禁会让人痛心，痛恨这些罪犯的"顽固不化""不知悔改""无药可救"。

为了开发罪犯暴力风险评估工具，我多年来访谈了多名实施过狱内暴力行为的罪犯，并与另外两位作者从2015年11月开始协同开发、设计和实施暴力高风险罪犯团体辅导项目。傅华军和付钊生都是二级心理咨询师，由于身处监狱基层一线，无论是狱内暴力高风险罪犯的个别谈话、心理咨询还是团体辅导，都积累了大量丰富经验。当我们三人基于两家单位的合作协议开始写一本能够帮助民警对狱内暴力行为有更多了解并对如何评估、管控和教育狱内暴力行为进行探讨的手册时，虽然有自知之明，知道"人外有人"，还是多少有些信心。然而，随着写作的开始，我们越来越痛苦，一开始按照传统模式希望能够捧出一本集理论与实践的专著，写了十几稿后，全部推翻，因为我们看不到自己所期待的"可读性"，也看不到忙碌工作一天的民警有兴趣阅读这本书的可能性。我们反复讨论后，决定改弦易辙，参考我们三位作者都非常喜爱的《被讨厌的勇气》这一本书的写作风格从头来过，但写了十几稿后，再次推翻，因为《被讨厌的勇气》一书里看似简单的青年与哲人之间简单的你一句、我一句的对话，其实是你来我往的思考和辩论，我们自认还达不到这样的水平。我们再一次地讨论，最后决定围绕民警，尤其是新警在日常工作中经常向我们提的问题，用提问和回答的形式重新开始撰写。虽然我们一再降低写作难度，再次开始写作时，我们还是感到很痛苦，甚至陷入深深的自我怀疑中，因为原来看似了解、掌握、熟悉的理论、经验和技术依然下笔"千斤重"。无论改了多少稿，我们发现在内容的丰富性、结构的逻辑性和用词的准确性方面还存在很多不当之处，不断修改，不断发现新的问题，可谓"改无止境"。最后，我们只能自我安慰：可以先"有"，再持续完善。

前　言

在这本手册写作的过程中，我们得到了浙江省十里丰监狱的鼎力支持和帮助。孔一教授是我的同事、搭档，更是朋友，他参与了我所有论文和专著的修改工作，这本也不例外。我的同事汪前臣、在校生韩奕杰通读了全文，并指出我们文字、结构上的错误。也要感谢那些把自己的成长经历、犯罪历史和狱内暴力过程当成一本书打开给我们看的罪犯，这本书里有他们的伤心、难过、痛苦、愤怒、后悔、怨恨和仇视，也有一点平静、快乐和自信，一再提醒我们：这些罪犯不只是研究的数据、访谈的对象，更是有血有肉的人。特别要感谢那些辛苦工作在监狱基层的民警，由于疫情影响，他们的执勤模式一再变化，生活和工作也因此增加了更多的不确定性。他们或许是对疫情变化最关心的一群人，在里面执勤的不知能否按时换防出来，在外面备勤、休整的不知何时要再次打包好行李进去换防。就是在这样的状态下，每个我们寻求帮助的民警都热情地分享他们工作中的感悟、心得、体会。在那一刻，他们的眼里都是光。

在这本手册中，我撰写了第一章"概况"，傅华军担当重任撰写了第二章"评估"和第三章"管控"，付钊生撰写了第四章"教育"。在写作手册的过程中，我们参考了大量国内和英国、美国、加拿大、澳大利亚等国有关暴力、狱内暴力、监狱管理方面的研究资料，参考文献中未能一一列举，在此一并感谢。

郭晶英

2022 年 9 月

目　录

第一章

概　况

问题1：狱内暴力行为的发生机制有哪些

提问：我今天完全被震惊了，有个罪犯，就叫她小王吧。像往常一样，收工吃完饭后，各小组开始轮流洗漱。还没有轮到小王所在小组，她就抱着洗脸盆自顾自地走去洗漱室，后被洗漱室信息员发现，并叫来她的联号包夹。小王平时一直有些小孩子心气，属于吃软不吃硬的，包夹便好言相劝："小王，还没轮到我们组，我们回去好不好？"小王手一扬："不，你走开。"一听这话，包夹也恼了，扯着她的衣服要拉她回去。就在这时，小王突然一脚踢了过去："别碰我，你这个贱人！"两人便扭打起来。我之所以会震惊，一方面是因为小王不是因为暴力犯罪，而是诈骗罪被判刑入狱，而且根据她的档案和个别谈话，没发现她在入狱前有暴力史；另一方面，小王入狱后从未有过违规违纪，看着特别安静、老实，所以我没想过她会实施暴力行为。我的问题是，如果排除由于善于伪装而掩盖了其暴力危险性，一个罪犯为什么会实施明知会受到惩罚的暴力行为，难道是因为监狱这个环境而变得暴力了吗？

回答：根据世界卫生组织的定义，暴力是指蓄意地运用身体武力或力量，对自身、他人、群体或社会进行威胁或实体伤害，造成或极有可能造成损伤、精神伤害、发育障碍、权益的剥夺甚至死亡。从这个定义来看，暴力不仅指对躯体的武力使用，也包括容易被人忽略的威胁、胁迫，还包括针对自身的自残、自杀，和针对群体的集体暴力，比如战争、恐怖活动等。你提到的这个罪犯是用武力伤害他人身体，这是我们日常，也是监狱民警最常见的暴力行为。

在监狱，罪犯生活在一个从行动自由到个人物品都受到高度限制的环境。当机构限制与暴力倾向、精神疾病、被剥夺等特质相互碰撞时，监狱暴力几乎是不可避免的。要解释狱内暴力行为发生的机制，也就是一个罪犯为什么在经历了被捕、审讯、判刑和服刑的"痛苦"后还会实施暴力行为，可以来看一下学界普遍认可的狱内暴力行为解释模式。

第一，输入模式（importation model）。由欧文（Irwin）和克雷西（Cressey）在1962年提出的输入模式强调罪犯在入监前的特点、经历、个性及社会网络，包括他们与犯罪团伙的联系等。该模式认为一些罪犯由于在入狱前就认同暴力亚文化，习惯于通过暴力赢得尊重、求取生存，因而在服刑期间，稍有不顺就会诉诸暴力。也就是说，罪犯的暴力行为是其以往所持有的价值观、动机和态度在监狱内的延伸。如果一个罪犯在入狱前一直都靠拳头"混社会"，他在入狱后就很可能会继续实施暴力行为，因为这是他最熟悉、也最擅长的方法。

第二，剥夺模式（deprivation model）。萨伊克斯（Sykes，1958）从监狱拥挤程度、安全等级等环境因素来解释狱内暴力行为。具体而言，该模式是指由于监禁，罪犯的自由、隐私、物质享受、亲情温暖、娱乐等遭到剥夺和限制，而在人员拥挤和安全等级高的监狱，罪犯能够获得的医疗资源、活动空间、亲情探视等会受到更严重的限制。有的罪犯会因为无法适应而产生焦虑、恐惧、愤怒等情绪，导致人际互动的紧张感加剧，矛盾冲突增加。我曾经听一个实施过暴力行为的罪犯比喻自己像是鸭群里的一只小鸭，到了某一时间点就要被赶着到这儿、赶着到那儿，完全没有自由，洗衣服、洗澡也不是自己想做就能做的。他说："监狱里面不打架真的是，你是，不打架那确实是真是做不到。"（此处重复和断句为原话转写。）对于这个罪犯而言，出于缓解负面情绪的本能，他可以通过从暴力行为中获得的力量感、控制感、存在感来寻求一种暂时的心理补偿。

第三，管理模式（包括行政控制理论 administrative

control theory、罪犯平衡理论 inmate balance theory）。该模式认为监狱管理行为是引发罪犯暴力行为的主要因素。从监狱层面而言，如果打破先前管理上的平衡，突然改变管理尺度，比如减少罪犯娱乐时间或提高改造要求等，有的罪犯会因为无法适应而实施抵触和反抗行为。另外，如果监狱管理不善，一线民警可能会消极不管事，个别罪犯就会趁机利用出现的"权力真空"，在罪犯内部形成一些"潜规则"，比如强迫他犯为自己干活或提供物质等以换取一个位置更好的铺位、一个相对轻松的劳动岗位等，进而导致罪犯之间的矛盾增加，引发暴力行为。

你对你所提案例中的罪犯还是比较了解的，但是就目前所掌握的信息，还不足以确定就是监狱让她变得暴力了，因为一方面她入狱前的其他信息，比如她早年父母的管教方式和是否有实施暴力的反社会同伙等可能与她的暴力行为有相关性；另一方面，研究表明暴力行为的发生从来都不是某单一因素作用的结果，狱内暴力行为的发生机制也是如此。现在越来越多的理论和实践者会把以上三个模型结合起来去理解狱内暴力的发生机制，然后去查找哪个或哪几个因素的作用更大，以便找到合适的管控和干预方法。

问题 2：罪犯实施暴力行为的心理动机是什么

　　提问：我今天第一次去高戒备分监区，也就是所谓的"严管队"。我们分监区有两名罪犯因为打架斗殴被关禁闭，我去的目的是了解他们认错悔过的态度，以便分监区讨论和制定相应的后继处置措施。比较有意思的是，找其中一名罪犯谈话的时候，他刚开始对自己被扣分还被关高戒备很不服气，跟我不停地抱怨。我跟他详细说明了监狱的相关规章制度、这起暴力行为的性质和两个人相对应的惩罚。当他听到跟他打架的那个罪犯扣分比他多的时候，他马上转怒为喜，似乎还在幸灾乐祸。我挺无语的，罪犯的心理状态真的不是常人能理解的。我的问题是：罪犯一般出于什么样的心理动机实施暴力行为？

　　回答：回答这个问题可以从不同角度出发，这里我用马斯洛的需求层次理论来分析罪犯暴力行为背后的心理动机。马斯洛是 20 世纪 50 年代人本主义心理学的主要创始人，他认为人的需求包括生理需求（比如吃喝拉撒睡）、安全需求（希望外部环境安全稳定、免受惊吓、井然有序）、归属需求（友情、爱情、性亲密等）、尊重需求（自信或者希望得到别人的认可）和自我实现的需求（希望自己成为什么样的人）。我认为罪犯之所以会实施狱内暴力行为，主要是出于他们对安全、归属和尊重的需求。

首先是安全的需求。罪犯初到监狱的时候，对周围一切都比较陌生，会感觉未知、不可控。有的罪犯即使在服刑很长一段时间后，仍然无法适应监狱改造环境。一般而言，人们只有在感觉安全的环境中才能安心做事、从事创造。这个时候，有部分罪犯即使在入狱服刑前从未实施过暴力行为，或是由于感觉到失控，或是感受到周围他犯的不友善，或是看到他犯间的恶语相向、暴力行为，甚至自己直接遭受暴力，因而认定必须表现得强硬和阳刚才能保护自己，比如有一个罪犯认为他犯故意踩了他一脚，然后得出结论他必须"以牙还牙"实施暴力行为，因为"他以为我不敢动他，我就要证明给他看我敢"。

其次，归属的需求。在监狱环境中，罪犯远离家人和熟悉的朋友，可能会感到强烈的孤独、无助，因而更加渴望在家人或狱友团体中占有一个位置。有的罪犯会因为他犯一句口头语，就认为对方是在辱骂自己的家人，或是就认定自己受到排斥，从而要找对方理论或"讨回公道"。这个时候，口头语或脏话的意思已经发生了变化，成为罪犯情感需求的一个"符号"。既然家人并不在场，而他们由于身陷囹圄能为家人做的又非常有限，他们会认为自己需要通过暴力维护家人的利益。如果因此受罚，他们可能还会产生为家人"牺牲"的满足感。还有的罪犯在听说和自己关系好的他犯"被欺负"时会挺身而出，甚至不问缘由就为他犯"报仇"。通过"抵御"共同的"敌人"，他们认为自己与狱友会增加彼此的认同，实现更加紧密的联结。

最后，尊重的需求。社会上所有的人，都需要来自自己或他人的认可，而得到他人的认可也有助于增强一个人的自信和价值感。反之，如果这种需求无法得到满足，内心则很容易产生自卑和无能的感觉。比如有一个罪犯实施了暴力行为，虽然他被关了禁闭，但是自我感觉很不错，因为他回去以后，有他犯给他送了鸭腿。这个罪犯就从他犯的这个举动中得到了自尊的满足，而这种满足抵消甚至高于禁闭带来的痛苦感受。

我认为无论出于什么心理动机实施暴力行为，归根结底，这些罪犯是想要向他人表明自己是什么样的人，他们应该如何被对待，而暴力是他们自认为唯一或最佳的表达方式。

问题3：狱内暴力行为的特点是什么

提问：从警校毕业到监狱工作已经有3个月了，虽然工作中碰到的很多问题在学校里已经被提及或讨论过，但是在直接管理教育罪犯的过程中还是有很多困惑。比如，我们分监区有个多次实施狱内暴力行为的罪犯，在入狱前就喜欢用暴力解决问题。这次入狱是因为当时他和朋友喝完酒在酒吧门口停车等人，有几个小青年醉醺醺地走过来说他们乱停车，他回嘴说不关他们的事，后来双方越吵越凶。他拿起车里放着的一把水果刀下车，捅了对方态度最嚣张的那个人。他说自己当时感到非常生气、没面子，似乎有股"怒气"直往上冲，无法忍受，必须给对方一个教训，结果造成了对方死亡。他说判刑入狱后也想过要控制一下自己的脾气，和他犯发生冲突时，他不大会说，就忍着、看着对方，但是最后总是会忍不住动手，他自己总结说是"暴"脾气改不了了，也很担心不知哪一天会因为暴力行为而被加刑。我感觉他现在的行为和他入狱前的暴力行为似乎并没有什么不同。我的问题是：相比较于社会上的暴力行为，狱内暴力有什么特点？

回答：狱内暴力与社会上的暴力行为并没有本质的差异，但是会有一些与监狱特殊性相关的特征。首先，狱内暴力行为具有高发性的特点。孙平认为："新来的犯人要在这里生存下去，就要学会生存的本领，要能够忍受暴力的袭击，也能以暴制暴寻求生存。"连春亮提出暴力是"罪犯之间解决矛盾、纠纷和冲突的主要手段"。在监狱环境中，罪犯能够用于缓解、化解压抑、烦闷、绝望等状态的手段非常有限。这也就使得一些罪犯像一个个行走的"火药桶"，一点点刺激就有可能点燃他们实施暴力行为的"导火索"。

其次，狱内暴力具有低致命性的特点。一是由于监狱物理环境的束缚和对刀工具等违禁品的管控，罪犯实施暴力行为时，难以获取刀具、枪械等高致命性的工具，更常见的是使用拳头揍或用腿脚踢的方式来攻击他人；二是由于监狱管理严格、规范，只要有罪犯的地方，或远或近都有民警看管，因此发生矛盾冲突时，民警总能第一时间出现在现场进行处置；三是虽然罪犯数量远远大于民警数量，但我国监狱普遍实行联号包夹制度，让罪犯之间相互监督、相互钳制。即使有罪犯意图或正在实施暴力行为，联号包夹犯出于获得奖励、避免承担连带责任或防止严重后果发生的目的，一般都会实施相应的预防或阻止行为。

最后，狱内暴力具有高敏感性的特点。一方面，狱内暴力行为非常容易引发社会舆论对监狱管理水平和能力的质疑。一般民众会认为既然罪犯处于严格的管控状态下，如果发生罪犯被伤害、攻击的事件，大概率是监狱管理混乱所致；另一方面，狱内暴力行为容易扰乱原有的监管秩序。监狱基层一个管理单元良好的改造氛围往往需要较长的时间才能形成，而一起暴力行为会瞬间破坏原有的改造氛围，使得"生活"在其中的罪犯利益受损，或因缺乏安全感而无法安心改造，或因受到"传染"也转而实施暴力行为；另外，如果一个管理单元发生了罪犯严重暴力违规事件，违规当事罪犯自然要受到处理，但是在有的监狱，管教民警和监区在考核时会因此受到相应影响，也有民警的职业前途因被认定能力不足或监管秩序控制不力而受挫，从而使得部分民警和监区领导为了个人或集体利益，努力追求严重违规的零发生率，甚至会对一些罪犯的严重暴力行为"降格处理"，以免影响考核，结果反而可能埋下更大的安全隐患。

问题4：狱内暴力行为的形式有哪些

提问：在监狱工作有一段时间了，我所在的监区到目前为止还没有发生过狱内暴力行为，但是看安全宣传片或跟师兄们聊天时，还是会看到或听说一些狱内暴力案件，有罪犯在监舍拿凳子砸他犯的，有在劳动场所把筐子扔到他犯身上的，有一言不合就冲上拳打脚踢的，还有寻找机会袭击民警的。去年有名罪犯拒绝执行民警指令，被民警批评并要求站在一边先冷静一下。民警的本意是等罪犯情绪缓和一点再对他进行教育，结果这名罪犯越想越生气，在民警巡查走动靠近自己的时候，他突然跳起来就打了民警一拳。这些事件毫无疑问都属于狱内暴力行为。我的问题是：狱内暴力行为是否还有其他形式，可以怎么分类？

回答：根据狱内暴力实施主体的规模，可以把狱内暴力行为简单划分为两大类：集体暴力和人际暴力。暴动和骚乱都属于集体暴力，两者的区别在于干扰的严重程度。暴动是有组织、有预谋的对抗，目的是引起监狱秩序和安全的动荡，往往包含武装冲突。相较而言，骚乱的破坏性小，可能只是为了引起人们心理上的不安。无论哪种形式，集体暴力旨在破坏监狱内的正常秩序，通常与种族冲突、帮派争斗或对监狱条件的不满有关。虽然大众通过一些电影、电视可能会产生监狱集体暴力比较普遍的感觉，但事实并非如此。无论是国内还是国外的监狱，发生集体暴力的案件数量都非常低。

在监狱的日常工作中，处理最多的是人际暴力。根据暴力行为主客体的不同，罗尔夫和特威克斯伯里（Rolfe & Tweksbury，2018）把人际暴力进一步细分为不同的暴力种类，在我国监狱比较常见的是四类。

第一类是罪犯间的身体暴力。这种形式的暴力行为最为普遍，其导火索似乎都是非常琐碎的小事，比如一个人踩了另一个人的脚，或是因为洗漱空间狭窄，洗手、洗碗或洗衣服的水甩到了另一个人身上……这些事件都有可能引发罪犯之间的冲突并最终升级为暴力相向。

第二类是罪犯对监狱工作人员的身体暴力。在我国，罪犯针对除监狱民警以外的其他工作人员发动的袭击并不多见。这类工作人员由于跟罪犯接触的时间和场所以白天为主，而且往往都有民警在场，因此罪犯要袭击他们还是有一定难度的。针对民警的袭击主要是因为某些罪犯对与自身利益相关事项的处理方式或结果不满，比如有罪犯自认为应得却没有拿到期待的考核分、减刑或表扬等而心生怨恨，进而实施暴力行为予以"报复"。另外，也有罪犯为了越狱成功，实施杀害民警并抢夺警服、挟持民警充当人质等暴力行为。

第三类是监狱民警对罪犯的身体暴力。监狱民警为了维护监管安全、打击罪犯严重违规和对抗改造的行为，必要时会使用身体暴力强制违规罪犯遵守法定管理要求、履行法定改造义务。各个监狱对于民警在什么情况和条件下可以予以徒手控制或使用警械具，以及使用警械具的规范流程等都有明确规定，并且受到驻监检查机关的严格监督。对此，部分民警持不同观点，他们认为以暴制暴是最有效的应急处置手段，而警械具使用的严格规定不仅是对民警管理罪犯手段的限制，也是对民警管理罪犯意愿的削弱。关于这一点，我们后面还会找机会谈。

第四类是罪犯对自己施加的身体暴力。最常见的罪犯的自我伤害是与精神疾病或无法适应被监禁有关，也有个别罪犯会为了特殊目的而伤害自己，比如为了给当班民警制造麻烦等。在监狱环境下，由于工具和途径有限，罪犯无法像在社会上的自残自杀者那样服毒、投河、跳楼等，更多的是采用吞食异物、撞墙、自缢等方式伤害自己。这种方式一般致死性不高，再加上民警管理规范、有序，我国监狱内因自杀而死亡的罪犯比例非常低。

总体而言，我国监狱的狱内暴力以人际暴力为主，其中以罪犯间的身体暴力为多数，警囚比高和监狱拥挤问题不突出的监狱发生暴力行为的数量相对较少。

问题 5：罪犯暴力行为的一般性矫正流程是什么

提问：有一名罪犯因为故意杀人罪被判了无期徒刑，受害者是他的妻子。由于情感问题，他对妻子连捅数刀，虽然没有看有关案情的具体报告内容，光想想也觉得太可怕：一个人对自己的家人到底有多大仇恨，才会下如此狠手？这名罪犯到我们监区已经有四五个月了，根据我的观察，他平时改造表现非常积极认真，对民警也很配合。我跟他谈过好几次话，每次他说起自己的妻子，就会表现出后悔甚至落泪。我认为他是真心想改好的，但是没想到有一天他因为与他犯产生纠纷，就动了伤害他犯的念头。当时冬天衣服穿得厚，他偷偷把工厂里的一把纱剪藏在衣服最里层带出来。当天半夜趁同监舍罪犯都在睡觉的时候起来刺伤了他犯，由于被及时发现并处置，才没有造成严重后果。这名罪犯是因为故意杀人入狱的，现在又实施了狱内暴力行为，先不管他以前的后悔、眼泪是否真实，我的问题是：像他这样的罪犯，有可能降低他的暴力风险吗？我们是否有比较系统的矫正流程？

回答：监狱改造罪犯的历史经验和有关数据证明，大多数暴力高风险罪犯都是可以转化的。之所以说大多数，而不是全部，是因为人的行为背后有认知，但也有心理和生理因素。如果涉及后者，那么靠民警的日常管理和教育，甚至心理咨询师的咨询也未必能彻底解决一个人的暴力问题。想要达到转化暴力高风险罪犯的目标，现有的矫正流程一般分六个步骤进行：

第一步：信息收集。多数犯罪学理论都认为，罪犯通过实施暴力行为表达自身的挫败感、愤怒或恐惧情绪。要降低罪犯的暴力性，首先要了解引发罪犯暴力行为的事件起因、过程和他们对这些件事的认知；其次要收集与罪犯成长史相关的信息。我们收集的信息越全面，对罪犯的认识也会越深刻。另外，我想特别强调在现代社会，信息是博弈的工具，民警和罪犯之间其实也有一场隐蔽的信息角逐，谁能掌握对方更多的信息，谁就能拥有更多的主动权，因此我们应该多掌握罪犯的信息，而不是相反。

第二步：风险评估。我们可以根据收集的信息对罪犯的暴力风险等级进行评估，以便把暴力高风险和极高风险的罪犯与中度、低度风险的罪犯区别开来。这样做有利于监狱统筹和整合优势资源，重点防控、转化高风险罪犯。同时，对一个暴力高风险罪犯的风险评估，还可以用于确认罪犯可能实施暴力行为的情景、时机、方式等。

第三步：管控与干预措施的设计。根据评估结果，一个管理单元首先要根据所管控的暴力高风险罪犯的人数和分布，合理调整管理措施；而针对暴力高风险罪犯，要根据评估报告中的致危因子设计管控和干预措施。在此过程中，不仅要考虑罪犯的暴力史、人格特征、认知等静态因子，也要考虑罪犯日常改造表现、重要生活事件等动态因子。一般来说，如果管控和干预只针对静态因子，很容易耗时、耗力却得不到好的结果。注重动态因子的变化以掌握和化解罪犯当下改造的隐患、需求、矛盾和冲突是管控和干预的重点。另外，方案由谁来实施、怎么实施、实施频率、短期目标、长期目标等也都需要在这一步予以确定。

第四步：管控与干预措施的实施。管控与干预措施的实施是能否取得效果的关键，具体内容等以后有机会时再作详细说明。

第五步：效果的反馈与修正。管控和干预效果的评估依据可以是罪犯的现实改造表现变化，比如管控和干预措施实施 3 个月或 6 个月后的暴力行为是否有减少。

随机、双盲对照实验被认为是目前最可靠的研究方法，有条件的监狱也可以通过比较罪犯对照组和实验组的暴力行为比率变化来评估效果。

第六步：效果的巩固。一个行为的发生可能来自于某种根深蒂固的认知和行为模式，因此有些罪犯的暴力行为无法在短时间内彻底消除。这也就意味着为了避免某种行为出现反复，需要采取后续的跟进措施，以促进罪犯用非暴力方式应对和解决问题的行为模式由同化到内化。

需要注意的是，我们在具体实践过程中并不需要按部就班、严格按照六步走，根据实际情况，有时需要"打包操作"叠加式进行，比如一边收集信息一边评估；有时需要"循环往复"螺旋式进行，比如在评估的过程中为了信息的增补而回头再去收集信息。

问题6：国外狱内暴力行为的现状如何

提问：我听说前几天有一名罪犯因为琐事对他犯大打出手，虽然当班民警马上作出了处置，但是场面一度比较混乱，有两名他犯在拉架的过程中被踢伤，还有一名民警的胳膊被抓伤。我还听说有罪犯公开辱骂民警，民警走过去让他蹲下，他不听。一个小组长上前劝说，他竟然开始殴打小组长。民警当场立即把他按倒在地上制服，并用手铐铐住，结果他反抗十分强烈，期间民警被他咬伤。我所在的分监区有一名罪犯平时跟他犯称兄道弟，跟民警明里暗里地进行对抗，虽然他目前还没有作出违规违纪的具体行为，但是在监区的犯情讨论会上会重点讨论这名罪犯，担心他哪一天会"闹事"。监区领导也一再提醒我当班时要"绷着一根弦"。无论是听说的已经发生的暴力行为还是自己监区存在的潜在暴力风险，都让我感觉"压力山大"。我的问题是：国外监狱的狱内暴力行为是什么样的状况，他们的监狱警察是否也有类似的压力？

回答：跟欧美等国家的监狱相比，我国监狱的暴力问题数量少、比例低、危害程度轻。以美国为例，监狱的暴力问题非常严重。究其原因，第一是人满为患。根据美国司法统计局的数据，美国联邦和 19 个州的监狱在押罪犯的数量都已经超出容量上限，其中最严重的是加利福尼亚州。比如奇诺男子监狱（Chino Men's Prison）可容纳 3000 名罪犯，但实际关押 5900 名罪犯。在 2009 年发生的罪犯骚乱中，至少有 175 名罪犯受伤。虽然现在监狱条件跟以往相比已经有很大改善，但还是存在拥挤、资源分配紧张等问题，暴力冲突的发生也就在所难免。

第二是美国监狱的劳动制度和我国监狱不同，只有少量的工作岗位，需要罪犯自己申请，而且一般只有表现好的罪犯才能获得劳动资格。这就使得许多罪犯无事可做，也就给了他们更多的时间、机会和其他罪犯交流犯罪手段，或跟他犯发生矛盾冲突。为了消磨时间，有些罪犯会一边看电视一边利用牙刷、螺钉或打火机等制作武器，这些自制的武器有的被拿来用于自保，也有的卖给其他有需要的罪犯。无所事事与人满为患共同作用后，非常容易引发罪犯之间和警囚之间的暴力冲突。

第三，也是非常重要的一点，就是美国监狱的帮派问题非常严重。美国监狱帮派最初是出于罪犯自我保护的目的而出现的，但是慢慢地，监狱帮派已经演变成不仅为自己的成员提供保护，还实施诸如卖淫、攻击、贩毒和谋杀等犯罪活动。还有的监狱帮派随着社会上的帮派成员入狱因而延伸至监狱内部。许多帮派成员因为实施了故意伤害或故意杀人等严重罪行而被判无期徒刑，不得缓刑，这也就使得他们没有什么可以失去的了，因而更加无所顾忌。监狱中同种族的人也倾向于形成帮派同盟，"共同进退"，如果发生种族暴动，就会一拥而上，以免被说成"懦夫"。美国的一个监狱纪录片介绍有个帮派甚至规定如果帮派成员自制的武器被狱警搜查出来，这个成员必须找机会对这个狱警实施报复，否则就会遭到自己帮派的惩罚。也就是说，帮派成员不仅要向其他罪犯，也要向狱警证明自己是不好惹的。虽然有的罪犯可以选择独善其身，不加入任何帮派，但是如果遇到问题就必须以寡敌众。根据狱警的估计，美国有近九成的在押罪犯会参加帮派活动。

正是基于以上这些原因，不管是处理、解决罪犯之间的暴力行为，还是要提防、应对罪犯针对自己的袭击，美国的狱警都面临比我国监狱民警更高的风险和更大的压力，因此他们也就更加焦虑、担心，以至于有的美国狱警在上班到岗前像士兵上战场一样写好"遗书"。

| 第二章 |
评　估

问题1：如何通过评估保障自身安全

　　提问：刚参加工作时，我发觉罪犯看上去很普通，并非想象中的那样凶神恶煞或阴险狡诈。可以说，如果走在大街上，我完全看不出他们与常人之间有什么区别。在日常工作中，跟他们接触时间长了，这种感觉更明显，也一度让我对罪犯丧失了应有的戒心。直到听说某监区有一名罪犯因为对管教民警怀恨在心，趁其不备用铁棍击打这位民警的后脑勺，听着就觉得怪吓人的。还有一次整理档案时，看到一个二零零几年的案件记录，有一名罪犯密谋在外出就医时杀害警察并实施脱逃，所幸被及时发现和制止，没有造成严重后果。经此二事，我对罪犯的戒备心理大为增强。在清点人数或经过正在使用剪刀的罪犯时，我都会下意识地加快脚步，并且用余光注意他们，特别警惕。我的问题是：作为一名监狱民警，在日常执勤中我该如何评估哪些罪犯是暴力高风险的，以便及时防控、干预，确保自身安全？

　　回答：首先，作为一名监狱民警，在日常执勤中保持安全意识是非常有必要的。像你这样采取措施，跟罪犯保持一定的安全距离，同时时刻关注这些罪犯的动态动向都是正确的做法。但是，民警在执勤时，每天接触的罪犯不下百人，如果对每个罪犯都保持这种全时段、全方位的警惕性，体能和精力都不允许。因此，我认为除了要在日常保持必要的危机意识和戒备状态之外，还应当对罪犯的暴力危险性进行认真评估，明确防范的重点人员和重点事项。具体而言，我们可以：

第一，评估哪些罪犯有暴力高风险。民警如果对哪些人最有可能袭警一无所知，大概率就会走向内卷和躺平两个极端。换句话说，要么就是警惕罪犯全员，要么就是一个都不防备。通过罪犯暴力风险评估，可以将罪犯清晰地划分为极高危险、高度危险、中度危险以及低度危险四个等级。对高风险罪犯就保持高度戒备，低风险罪犯就一般处理，进行区别对待。按照二八定律，高度和极高风险的罪犯一般不会超过20%，对这些少量罪犯采取针对性的管控和教育措施，有利于优化人力和物力的资源配置。

第二，评估哪些时段和地点有暴力高风险。暴力高风险罪犯的暴力行为触发阈限值往往比较低，比如一句争吵、一点摩擦、一个变故都可能引发暴力行为。我们即使知道了谁是暴力高风险罪犯，如果不知道他在什么时段、什么地点更容易实施暴力行为，还是会有比较大的防控难度。结合我们日常管理中对罪犯狱内暴力行为发生时段、地点的统计分析，可以确定罪犯的早晚洗漱、就餐、就寝及起床、自由活动、劳动（特别是停工待料）是暴力行为的高发时段，而洗漱间、就餐现场、监舍小组、劳动现场则是暴力行为的高发地点。另外，如果某个罪犯多次实施暴力行为，我们可以也尝试分析其选择的时间、地点是否具有规律性，然后重点落实这些时段和地点的现场巡查、管控。

第三，评估暴力行为常用实施手段。通过对既往暴力事件进行评估分析，民警可以掌握罪犯暴力实施手段的基本规律，比如是针对强者实施暴力行为的多，还是欺凌弱者的多；是赤手空拳的多，还是用工具的多；如果工具用的多，这些工具是监舍或活动大厅里常见的塑料凳之类，还是通过什么手段弄到或自制的违禁品；是冲动暴力，还是预谋行凶；暴力行为的严重程度如何，是手段凶残、不顾惜生命还是有所顾忌；等等。

隐藏的敌人最可怕，不确定的危险最危险。如果每个民警都能够通过罪犯暴力风险评估，对何人、何时、何地以及如何实施暴力行为了解得越多，那么他对该如何保障自身安全也会多几分信心和把握。

问题 2：经验是否可以代替评估

提问： 我们监狱早已全面推行罪犯危险性评估工作。关于这项工作，我所在分监区一直有两种声音：一种持肯定态度，认为罪犯危险性评估工作是监狱教育和管理罪犯的前提和基础，可以帮助民警更好地认识罪犯，系统掌握罪犯相关信息，同时还有助于培养和提升民警的职业素养；另一种持否定态度，认为这是形式主义，增加民警工作量，还不如按照日常管理教育经验对罪犯是否会实施暴力行为进行评判来得简单、准确，没有必要做这些。我感觉这两种观点都各有道理。现在都在讲大数据、算法，监狱开展基于算法的罪犯危险性评估是与时俱进，但同时也确实感受到这项工作的繁琐，面对大量台账，要说没有抵触心理也是不可能的。我的问题是：如果像有的老民警那样仅凭经验就能判断出哪些罪犯属于暴力高风险，而且判断得还挺准，那么再用这些评估工具，是否还有必要？

回答： 民警有这种想法很正常。罪犯危险性评估本质上就是一种工具，而我们使用这个工具的最终目的是提高工作效益。如果工作没有因为一个新工具的使用变得更加简单、高效，就可能连鸡肋都算不上。每个监狱都有一些民警具有快速识别暴力高危罪犯的能力，这种能力是他们多年工作经历和经验累积下来的。比如有民警判断一个罪犯是否会实施暴力行为，会看这个罪犯的犯罪类型，也会看这个罪犯平时跟他犯的相处模式，然后就能对这个罪犯的行为有一个基本的预测。这种方法不仅简单，而且有时准确率也挺高。

不过，当前我们推行基于算法的评估工具也是有原因的。首先，经验很难被复制。也就是说，一个民警的判断可能既快又准，但是你要让他们具体说出所以然，可能说不出来。即使说出来也可能比较零散，没有系统性，这种经验就很难被学习、传承和优化。其次，经验是主观的，会因为使用的人、时间、地点和情境的不同而出现准确率不稳定的问题。美国曾经有一个调查发现法官在临近午饭期间批准罪犯假释的比例特别低，原因居然是因为在这个时间点，很多法官都饿了，血糖降低，心情不好，因此审批时倾向于严格，而吃饱饭后批准假释的比例又会上升。再比如，阿尔法为什么能打败李世石？除了阿尔法的深度学习能力以外，很重要的一个原因就是阿尔法是完全数据化的人工智能，它不像人是有情绪的，会因为走错一步而懊恼，它只会走完一步后快速计算下一步该怎么走。我们使用基于算法的罪犯危险性评估工具是希望剔除民警的情绪、经验等主观因素对判断结果的影响。再次，老民警可以根据经验找到判断罪犯暴力高风险的几个维度，但是评估工具借助计算机强大的算力，可以涉及多个维度、几十个甚至上百个指标。人是最活跃的生产力要素，但是我们的生产力发展已经从人力进入到算力时代，而基于算法的暴力高危评估也会日益成为未来监狱工作发展的底座。

当然，正因为人是有情绪的，我们在足球或篮球比赛上看到自己喜欢的球队进了一个球或在关键时刻被反杀，会激动地热泪盈眶或懊恼地痛哭流涕，但是如果看机器人踢足球或打篮球就没有那么多的情感起伏或乐趣了。关键是监狱工作是更加重视安全与秩序的场所，也因此更需要理性计算。虽然我国的罪犯危险性评估工具还需要不断改善使用体验，进一步减少民警的工作量，也需要继续修正量表和算法，让评估更加科学、准确，但是总体上还是能够辅助民警把罪犯按照危险性进行量化并排序，将模糊的经验系统转化为精确的数据系统。

问题 3：如何筛选评估指标

提问： 通过我们单位组织的评估工具使用培训，我了解到《狱内暴力危险评估表》（V－HCR16）由一般特征、关键事件、异常表现和特殊情形四个部分组成，其中每个部分列举了与评估对象有关的情绪、心理、行为方面的动态和静态信息。我觉得表里罗列的指标有的比较好判断，比如是否有暴力行为、狱内暴力或抗拒改造、不服监管史等，而有的指标不好把握，比如性格孤僻、很少与他人交流等。孤僻的罪犯最多就是少言寡语，在日常管理中很少给民警"搞事情"，为什么作为指标之一放在了评估表中？我的问题是：这些指标是怎么筛选出来的？有科学依据吗？

回答： 目前浙江许多监狱使用的《狱内暴力危险评估表》由浙江省十里丰监狱和浙江警官职业学院共同编制研发。这两家单位从 2004 年开始收集相关数据，包括从 1991 年 1 月 1 日至 2000 年 12 月 31 日期间发生的 264 起严重违规违纪事件和案件记录。根据这些案例的定性描述，先分离出风险类型、性别、年龄、省籍、犯罪类型、应服刑期、已服刑期、发案时间等 8 个量化指标，然后将全部数据输入 SPSS for Win. 软件进行列联表分析和方差分析，以便寻找与狱内暴力相关的因子。从 2014年 8 月到 2016 年 6 月，两家单位又在浙江省监狱管理局的统一部署下，通过查阅狱内暴力案件的档案材料、召开民警座谈会和典型案例分析会、访谈狱内暴力高风险罪犯等途径，了解狱内暴力高风险罪犯的心理行为特点、行为的发生机制和表现形式。在此基础上，制订了《狱内暴力罪犯结构化访谈表》，组织访谈员对浙江省乔司监狱、浙江省十里丰监狱、浙江省女子监狱等 15 所监狱内曾经有行凶暴力行为的罪犯进行了全样本调查，其中包括有狱内暴力行为记录的罪犯 39 人，以及作为对照组的罪犯 78 人。调查人员将所获数据统一编码并录入计算机，利用 SPSS for Win. 软件进行了频数统计、卡方检验和二元 logic 回归分析，并做了信度、效度检测，建立了回归预测模型。2016 年 8 月 6 日编制完成《狱内暴力危险评估表》，2017 年在全省各监狱推广应用。

也就是说，评估表中的指标不是凭感觉决定哪个该留下，哪个该删除，而是具有统计学基础的。另外，为了确保《狱内暴力危险评估表》在实践应用中的科学性和操作性，研发团队在编制量表过程中力求：

一是基础样本典型性强、数量大、涵盖范围广。除了本省 181 例样本，同时还在外省选取同类样本 23 例。基础样本涵盖男女犯、长短刑犯、成年未成年犯。

二是静态因子和动态因子有机结合。评估因子由一般特征（静态）、关键事件（动态）、异常表现和特殊情形组成。其中，把一般事件和关键事件作为预测因子，而异常表现和特殊情形作为激发因子，以便实现静态因子和动态因子、历史因素和当下改造表现的有机结合。

三是信息采集标准可信。为了在访谈时确保样本核心危险因素的捕捉、采集、筛选、确定等环节的科学规范，两家单位共同编制了《个案访谈指导手册》，并对访谈员进行了专门业务培训，以确保访谈采集信息的一致性和可信度。

四是量表检验严格规范。研发团队对《狱内暴力危险评估表》先后举行了 5 次专题分析研讨，参与人员不仅有司法部特聘专家、警院教授，还包括大量矫正经验丰富的基层一线民警。同时在全省各监狱选取实验组和对照组进行多轮次的检验，对检验中发现的问题不断进行完善，持续提升量表的科学性。

截至目前，尽管量表在实际使用中还存在一些问题，但是由于量表能够根据与实际表现行为相反的案例不断进行指标和算法的修正，也就意味着量表可以不断朝着可能性判断更加准确的方向前进。

问题 4：如何查阅罪犯《思想自传》

提问： 在新犯入监教育期间，监区会要求所有罪犯撰写《思想自传》，目的是希望罪犯能够通过撰写自传回顾自己的过往人生经历，尤其是总结犯罪教训，反思自己的犯罪行为对受害者和家人造成的伤害，更好地认识自我和改造自我。近期在做罪犯危险性评估时，其中有一项要求是查阅罪犯《思想自传》。我的问题是：从暴力危险性评估的角度出发，该如何查阅罪犯《思想自传》才能更有效地获得所需信息？

回答： 罪犯《思想自传》一般要求罪犯撰写从出生有记忆开始直到此次入狱改造为止的人生经历，包括成长史、求学史、就业史、婚恋史、犯罪史，以及对这些经历的思想认识。对于罪犯而言，这是他们的一场内心独白；对民警而言，罪犯《思想自传》提供了一个了解罪犯个体，走进其内心世界的重要途径。要有效查阅暴力高风险罪犯的《思想自传》，我认为可以从以下几个方面着手：

一是要关注幼年成长史。一个人的幼年成长史，与一个人的人格形成紧密相关。如果把人比喻成一棵树，那么他的原生家庭就好比土壤，而土壤的好坏直接决定了一棵树能长多高，枝叶能否茂盛。一般而言，一个暴力高风险罪犯的背后大概率站着一个暴力的父亲、母亲，或爷爷奶奶等。暴力的养育方式就是一个人最早与暴力的亲密接触，也是他日后实施暴力行为的根源。小孩子在成长的过程中会因为平日周围暴力行为的"耳濡目染"甚至亲身体验而形成运用暴力手段解决问题和应对挫折的模式。罪犯《思想自传》中父母或爷爷奶奶等直系亲属对他的暴力管教方式可以作为这个罪犯在服刑期间是否会实施暴力行为的重要判断线索。

二是要关注重大人生事件。重大人生事件可以说是一个人的人生岔路口，或是转折点，包括婚恋交友、辍学、辞职等事件。人们常说生死有命，从心理学上理解，人格就是一个人的命。对暴力高风险罪犯而言，人生中重大事件发生的原因往往与他的暴力型人格有关。比如一个罪犯在《思想自传》中叙述其女朋友因为其"混江湖"而提出分手，其不是选择放弃背离社会主流的生活方式来挽留女友，而是觉得没有面子，认为女孩的选择和行为是对他的背叛，因此企图用暴力威胁的方式让女友回心转意。通过分析重大人生事件发生的原因以及罪犯在发生这些事件时的应对方式，我们可以比较直观地了解与掌握暴力高风险罪犯的认知特点和行为模式。

三是要关注暴力行为史。一个人的暴力高风险行为一般都有一个逐渐升级、累积的过程。在很多人看来，一个平常老实的罪犯突然拿纱剪攻击他犯是偶然、突发的行为，但是这种级别的攻击行为往往早有蛛丝马迹，比如罪犯在《思想自传》中透露的从小欺负小伙伴、在校经常打架斗殴、加入暴力团体等经历。这些早年经历帮助罪犯克服了对伤害他人的恐惧，并认可、接受了暴力。另外，通过对罪犯暴力行为史的分析，我们会比较容易发现暴力高风险罪犯的行为特点，包括暴力攻击的对象以哪类人为主、暴力攻击的方式是当场还是事后攻击、是否使用工具以及暴力攻击的致命性等。

也有民警认为罪犯《思想自传》并不能提供有价值的线索，因为有的罪犯写得很敷衍，有的甚至通篇谎言。我觉得敷衍和谎言本身也是一种线索，可能表示罪犯文化水平、口头及书面表达能力欠缺（相应地倾向于肢体表达），也可能表示罪犯缺乏安全感、对民警不信任，还可能表示罪犯有对抗管教、反社会的人格倾向，关键看我们是否有兴趣、有能力挖掘出这些信息。罪犯在《思想自传》中无意或有意遗漏、篡改的事件，往往是最为重要的线索。如果我们认真阅读，或许就能通过罪犯叙述中的矛盾读出"缺失"的重要信息。

问题 5：如何快速与评估对象建立信任关系

　　提问：在对罪犯，尤其是有狱内暴力史的罪犯作危险性评估访谈时，我感觉很多罪犯都有比较强的戒备心理。即使有些罪犯凡问必答，也很难保证他们提供的信息就是准确的。另外，由于民警日常工作任务比较繁杂，每个时段都有明确的现场管理任务，也就意味着民警对罪犯进行评估访谈的机会很少。这就会造成矛盾与冲突：一方面，评估要求民警与罪犯建立相互信任的关系，走入他们的内心，从而全面、准确地采集到评估因子信息；另一方面，如果完全按照评估工作的要求，一个罪犯评估至少需要花费 40 分钟左右的时间，而且为了获得罪犯尽可能多的信息，就要在评估中多问开放式问题，谈着谈着就可能超过一个小时，甚至两三个小时。即使我愿意花时间和精力，其他同事或领导也很可能会不高兴，因为你在跟罪犯"唠嗑"的时候，你的同事和领导正忙得不可开交。俗话说，万事开头难，我的问题是：有没有什么有效的方法能帮助评估民警快速与评估对象建立信任关系，以便顺利完成评估访谈任务呢？

回答：你的问题反映了基层监狱工作的现实困境。要做好评估工作，就需要投入大量时间，而大多数基层一线民警没有那么多时间，那么就只剩下"提高效率"这个解决方案。我认为要成为一名优秀的访谈者，最重要的就是在尽可能短的时间内与访谈对象建立相互信任的关系，而要做到这一点，最关键是把握好八个字：站位、真诚、迂回、中立。

先说站位，民警首先是罪犯的管理者，但是如果站在这样的位置去收集信息，很容易带给评估对象居高临下的压迫感和威慑感，结果就是评估对象不愿或不敢把真实情况暴露出来，评估工作也因此无法顺利开展。这个时候，最好是放下身段，把自己放在一个类似于"体检医生"的位置，让评估对象明白，你跟他访谈就好像给他的过去和现在做一次"体检"，目的是查找和解决问题。开展评估访谈，站在民警的角度是为了确保监狱安全；站在罪犯的立场，是为了帮他更好地了解自己、适应监狱改造环境。绝大多数罪犯来到监狱，还是希望自己能够平安顺利地度过刑期，更好地适应监狱生活和未来的社会生活。在这一点上，监狱的利益和罪犯的利

益并不矛盾。在访谈的过程中，如果能够把罪犯的利益
与评估访谈目标"捆绑"在一起，那么其对访谈的配合
程度自然会有显著提升。

其次是真诚，就是要求民警在访谈时对评估对象真
心实意、坦诚相待。关于这一点，很多民警可能会有质
疑，认为有些罪犯平时卖傻耍奸，甚至明目张胆地挑战
民警权威，跟这样的罪犯谈真诚是没有原则的表现。我
的理解是，无论罪犯的犯罪类型，也不管其平时表现，
民警能够做到不带偏见地评估罪犯反而是其专业性的体
现。如果一名罪犯对访谈目的有疑问，而你对为什么要
做访谈、访谈对他的影响是什么等内容藏着、掖着，是
很难获得对方的信任和配合的。民警应该把评估访谈当
成了解罪犯人生经历的通道，表达发自内心的关心和关
注，进而走入他们的内心，以便收集到真实、有价值的
信息。大多数罪犯受教育程度低，但是并不一定代表他
们的认知低下。社会是最好的大学，他们的社会经历有
时能部分甚至全部弥补他们欠缺的学历教育，因此在访
谈过程中，民警明示或暗示表现出的猜忌、戒备、歧视
都会被罪犯看到、听到、感受到，进而产生猜忌和抵触
心理，故意提供虚假、错误信息，致使访谈质量大打
折扣。

然后是迂回。暴力高风险罪犯的一个显著特征就是

安全感低，内心比较敏感，戒备防御心理严重。在访谈时，有些核心问题可能涉及罪犯早年创伤经历，这就像是要揭开他们深埋在心底的伤疤。如果直接就这些问题发问，罪犯可能会因为没有心理缓冲和准备而本能地退缩和回避。这个时候我们可以采取迂回策略，比如为了了解罪犯是否有幼年被家暴的经历，如果直接问：小时候父母有没有对你使用过暴力？罪犯肯定会感到突兀，然后用"还好"敷衍了事，或是直接回答"没有"。但是如果我们先从一些外围的事物着手，比如"家里条件怎么样？""喜不喜欢读书？成绩怎么样？""在学校会不会和同学打架？""如果打架被父母知道，他们会怎么对你？""你爸爸会打你，印象最深刻的一次是怎么样的？"通过对一些生活细节的提问使罪犯产生被关注感，同时通过循序渐进的方式使核心问题的呈现水到渠成，这样反而会使访谈比较顺畅。

还有是中立。评估民警在访谈时要尽可能地避免道德判断，我们的目的是收集信息，过多地评价罪犯的一些言语或者行为会打断访谈的节奏，也会阻碍访谈的深入。我们可以不理解、不接受，但暂时不评价，如果罪犯希望我们作出评价，我们可以说"我相信你当时那样做一定有你的原因"。否则，如果为了逞一时嘴快，说他诈骗或者盗窃不对或不道德，对方很有可能会因为感受到讽刺、批评、否定而马上后退，不愿提供更多信息。我们要记住评估的目的不是改变他，而是收集信息，不能把目标搞混了。保持中立、非评判的具体做法就是多听、少说。如果遇到罪犯沉默、拒不回答问题或者故意回避的情况，这可能是罪犯无意识或有意识地试探。我们需要保持耐心，实在不行可以下次再谈。

"站位、真诚、迂回、中立"这八个字并不复杂，但要真正做到很不简单，因为这其实不仅仅是技术和方法的问题，还关乎我们的态度、观念甚至人格魅力，是需要在不断反省、长期修炼中才能逐渐形成的。毕竟，做心的工作，是世界上最复杂的工作。

问题6：如何提高访谈效率

提问：到现在，我已经做了五六个罪犯的危险性评估，感觉不算很好。就是我在访谈的时候，因为担心该问的问题没有问，导致采集的信息不够全面，所以就拿着纸质评估量表，一边看一边问。这样做虽然不会遗漏信息因子，但是总有一种走流程的感觉，一问一答，好像是在做采访或者审讯。我自己感觉不是很流畅、自然，我相信罪犯也有相似的感觉。换位思考一下，如果我是被评估的对象，采用这种方式进行访谈可能会有一种不安全感和局促感。我的问题是：有没有什么办法能够避免发生这样的问题呢？

回答：你的问题在评估工作过程中还是比较普遍的，要采集的信息数量不算少，如果一次访谈结束，然后发现有几个问题完全没有涉及，再找罪犯过来谈，既耗费时间，也会显得不够专业。但是，如果在访谈的时候拿着纸质评估量表又容易陷入机械式地一问一答，而且从有效沟通的角度看，拿着一张量表会显得特别正式，因而让评估对象心生警惕甚至恐惧，因为他们不知道提供的答案是否会危害自己的利益。

我觉得，很多民警在实际工作中对罪犯暴力风险评估存在误解，会将它等同于评估访谈，但是实际上评估量表里的大多数问题通过阅档、日常观察和犯情收集就可以获取答案。如果我们在访谈之前已经认真了解罪犯的档案及其日常行为，就能对量表上的大部分问题作出勾选，然后再带着少数未解答的疑问开展访谈。要想顺利、高效地开展罪犯危险性评估工作，我们可以按照如下流程开展评估：

第一步是熟悉评估量表。对量表上的问题能够做到心中有数。

第二步是阅档、日常观察。通过阅档或咨询该犯的分管民警获取评估量表中的大部分信息。比如指标"有狱内暴力史"，我们可以通过翻阅罪犯的月考核记录就知道该指标是否应该被勾选。再比如指标"近期与他犯打过架或激烈争吵过"，我们通过咨询该犯分管民警就能知道该犯近期是否有卷入争吵、打架的冲突。

第三步是评估访谈。询问通过前面两步无法了解的信息，然后完成评估量表，如果还有个别问题不太确定，可以寻找时机灵活地询问罪犯获得答案或进行确认。

　　我发现一些民警在评估之前会对问题进行归类，也就是把所要收集的信息按照时间轴顺序进行分类，如：成长史类、求学史类、就业类、婚恋类、犯罪史类、疾病类等，然后熟记每一类中包含的问题，在实际访谈时也按照时间顺序逐步开展。用这种方法就不需要拿着纸质评估量表，也可以避免一问一答式的"尬聊"。

　　需要再次强调的是，"站位、真诚、迂回、中立"同样适用于阅档和日常观察这两步。我们应该保持全面、开放的视角，避免出现"我们只能看到想要看到的东西"的问题。我相信如果我们不断实操、复盘，假以时日一定可以跳开形式上的局限，按照自身的谈话风格随意发挥，真正做到在谈笑间相人、识人了。

问题 7：如何避免观察失真

提问：在开展罪犯危险性评估时，其中有一项内容是观察评估。就我个人的工作经验而言，我发现每个罪犯或多或少都具有伪装性，就像俗话说"知人知面不知心"，一个人的外在表现和内在心理可能是不一样的，有时候是完全相反的。有的罪犯为了获取一些利益，比如考核分，可能会表现得特别"顺从"。有的罪犯在民警面前"卑躬屈膝"，极尽"谄媚"，但是如果因为一次违规违纪事件被扣了分，又会因为利益受损马上"翻脸"，故意挑事，甚至挑衅民警。还有的罪犯平常看起来老实、温顺，可是一遇到事情就变得情绪暴躁、行为失控，具有极高的暴力风险。这也是为什么当有的罪犯实施暴力行为的时候，我们会感觉很奇怪，反问自己怎么会错看了呢？我的问题是：我们在开展观察评估时，可以怎么做才能减少甚至避免观察失真呢？

回答：要提高观察的效果和科学性，关键是"有的放矢"。也就是说，不是我们看着罪犯的一举一动就叫观察，而是要看到罪犯一举一动的特异性（与其他大部分罪犯的区别）及象征性（所反映的罪犯特质）。个人建议可以结合《狱内暴力危险评估表》上的指标进行观察，为了方便记忆，我们可以把这些指标分为三类：情绪类、人际关系类和认知行为类。

第一类：情绪类。任何人在面对挫折、冲突和压力的时候都会有情绪，而情绪会通过面部表情、肢体动作、语言、生理及行为变化等表现出来，这些表现可以统称为情绪反应。如果一个罪犯在某种情境下的情绪反应过于明显或者过于不明显，都需要视为异常情况予以关注。比如有的罪犯面对挫折和压力时比较容易丧失理智，会冲动行事。由于这类罪犯的情绪反应非常明显，我们反而很容易就能判断出他们是否具有较高的暴力风险，但是还有一些罪犯情绪自控能力特别好，遇到其他人会有明显情绪反应的事件时面无表情，不露声色。这就会使得我们难以判断，甚至会错判他们的暴力风险。影视剧里通常把这类人称为"冷面杀手"，他们内心冷酷无情，手段残忍极端，具有较强的报复心理。这类罪犯的暴力风险级别无疑是极高的，因为他们总躲在暗处，就好像一条毒蛇，一旦出动，就会造成极为严重的后果。要识别这类罪犯的暴力风险，我们可以观察他们是否能够感受到他人的伤心、难过。一般人在想象或看到他人经历疼痛或者痛苦的时候，会心生同情，但他们不仅不会，甚至还享受其中。

第二类：人际关系类。我们要牢记很多暴力行为看似偶然、突发，但是往往有一个循序渐进的演变过程。一般而言，这类罪犯从孩提时代开始就会露出暴力习性的苗头，周围的同龄人会因为害怕受到伤害而与他们保持距离，因此这类人在幼时伙伴、同学当中会遭到"排斥"，受到"孤立"。久而久之，他们的人际交往会越加困难，性格也越发孤僻，难以融入群体。比如有个罪犯自述无论他坐在哪里，周围的凳子就没有人敢坐，因为别人担心不知道什么时候他"哪根筋不对"就会动手打人。在监狱里无论是就餐、洗漱、劳动还是学习场所，民警可以仔细观察哪些罪犯不合群，显得格格不入，然后予以重点关注。

第三类：认知行为类。认知最终通过行为表现出来，暴力高风险罪犯的认知特点是自卑敏感、过度自尊、自我中心、崇尚暴力和江湖义气，表现在行为上的特点是自私自利、斤斤计较、争强好胜和好勇斗狠。一旦发生矛盾冲突、遭遇挫折，他们会认为都是他人和外界事物所导致的，自己则毫无过错、责任，也就是理论上说的外归因。另外，从心理学上理解，个体遇到危机事件时，会本能地采用自己比较擅长的技能应对。与人

发生冲突时，牙尖嘴利的人，用语言就能达到攻击他
人、宣泄情绪的目的；而嘴拙舌笨的人，在必须忍耐的
情况下，可能出现心绞痛、血压升高、失眠、食欲不振
等生理症状，而在忍无可忍、恼羞成怒时则直接采取暴
力攻击。也就是说，暴力高风险罪犯看似经常沉默寡
言，遇事也不愿意过多争辩、解释，奉行"能动手的绝
不动口"的原则，但事实上是因为相较而言，他们的动
手能力比动口能力强。

问题 8：如何开展中期危险性评估

提问：我一直在监狱评估矫正中心工作，对于在入监初期如何开展新犯危险性评估工作还是比较清晰的，但是在罪犯服刑中期该怎么做评估没什么思路，比如新犯分流后，是否还需要重新评估；如果要做评估，那么评估由谁做，怎么做，是否有基本流程，应该注意什么等，所以我的问题是：我们该如何开展罪犯改造中期危险性评估？

回答：各监狱的中期危险性评估工作一般由评估矫正中心牵头组织，由分监区民警负责实施。具体工作流程（要点）如下：

1. 确立中期评估责任主体。分监区民警依照教育管理职责分工，以罪犯小组为责任单元，确定与落实罪犯服刑中期危险性评估主体职责。

2. 查阅罪犯档案与危险性评估材料。对新分流的包干罪犯，评估民警应及时、认真阅读罪犯档案，查看《心理测试》《罪犯评估信息访谈表》等资料，了解、掌握罪犯的危险性评估结论、类别与等级，做到心中有数。

3. 观察罪犯行为。评估民警通过有意识地察看并关注罪犯言行举止、面相表情，分析其性格行为个性特点，对罪犯的规矩态度、人际关系、孤僻或冲动性的人格等进行研判，为危险性评估提供评判依据。另外，评估民警还可以通过听取罪犯小组长、联号包夹、信息员等相关罪犯的汇报，了解被评估对象的睡眠、家庭与人际关系等相关信息，辅助评估参照。

4. 开展结构式访谈。访谈民警根据访谈提纲（结构式量表），对罪犯进行全面、深入、细致的摄入性谈话，对各评估条目、评估因子的要点内容进行认定与评判。

5. 得出评估结论。评估民警在综合罪犯档案阅查、结构式访谈，特别是行为观察等信息的基础上，对照《罪犯危险性评估量表》，将相关因子信息录入《罪犯危险性评估系统》，获得罪犯的危险类别与等级、致危因子等评估结论。

对不同危险等级的罪犯，在开展中期危险性评估的时间间隔上也有不同的要求。一般而言，危险等级越高，时间间隔越短。以浙江省监狱系统为例，中度和低度危险等级罪犯的中期改造危险性评估是每年不少于一次，高度危险等级罪犯是每半年不少于一次，而极高危险等级罪犯则是每季度不少于一次。

问题9：罪犯危险性评估是否"新瓶装旧酒"

提问：我所在的监狱对罪犯危险性评估工作非常重视，还专门成立了评估矫正中心，负责指导和考核基层单位的罪犯危险性评估工作。有的民警提出我们一直就有对看押对象危险性等级进行判断和分类的工作，监区也会定期召开犯情分析会，讨论哪个罪犯有哪类风险，因此觉得评估就是把以前的监狱工作内容换了个"新马甲"。我的问题是：罪犯风险性评估是"新瓶装旧酒"吗？即使装了新酒，也是"洋酒"，是不是有点崇洋媚外的味道？

回答：西方的罪犯危险性评估开发历史已经近100年，最早可以追溯到1928年伯吉斯（Burgess）开发的评估假释风险工具。其发展史主要分为四个阶段：

（1）第一代风险评估是非结构性的专家判断。在这个阶段，评估员主要依靠自己的专业训练、收集到的罪犯个体信息、官方报告或其他信息渠道对罪犯的再犯风险进行评估。

（2）第二代风险评估工具在本质上是精算的，主要评估历史和静态风险因子，例如性别、年龄和犯罪史等。

（3）第三代风险评估工具的主要特点是包含了动态风险因子和犯因性需求，并结合精算或结构性的专家判断方法，其中比较有代表性的工具是 the Level of Service Inventory-Revised（LSI-R）和 the Historical-Clinical-Risk Management-20（HCR-20）。

（4）第四代风险评估工具遵循的是"风险 – 需求 – 响应"原则，把个案计划和风险管理整合到评估流程中。其主要目标已经远远超出了风险评估本身，而聚焦于矫正和监管效果的提升。

相较而言，我国的罪犯危险性评估工作起步较晚，激发各省对罪犯进行量化评估研究的转折点是 2016 年 4 月司法部监狱管理局颁布《关于在部分省（区市）开展罪犯危险性评估试点工作的通知》。在开发罪犯危险性评估工具的过程中，我们不可避免地要学习和借鉴西方已经相对成熟的开发理念、方法和技术。不过与此同时，我们也非常注重评估工具开发的本土化，比如由于我国对监管安全和秩序的重视，全国罪犯危险性评估工具的开发都兼顾了罪犯再犯和狱内高危行为的风险评估，在有的省份，更是主要关注狱内高风险罪犯的评估。再比如在工具的设计上，我们强调对罪犯各类致危要素（因子）、心理行为特征的调查搜集和整合分析，也注重融合监管经验，尤其是我们自己传统的、经过历史检验被证明有效的做法。这样我们的监狱工作才能结合传统与现代，融合中国与西方，紧跟上我国信息化建设的步伐。

第三章

管　控

问题 1：如何处置突发暴力事件

提问：我们分监区有一名姓肖的罪犯，脾气非常暴躁，特别容易跟他犯发生冲突。比如有一次他在看电视的时候，不但不按要求坐在指定位置，还跟让他坐到指定位置的信息员发生了争执。肖某觉得信息员故意针对他，于是辱骂和挑衅信息员。信息员本来不想计较，但一方面为了完成分监区交代的任务；另一方面也为了维护自己的面子，怒怼他"你再骂一个试试"。眼看肢体冲突在所难免，所幸身边其他罪犯将他们拉开，民警也及时介入并进行了处置。事后肖某受到了训诫和扣分处理，但肖某认为民警处理不公，开始消极怠工，并多次违反队列纪律。有一次在队伍行进时，肖某先是不服从民警指令，然后突然跑向上次跟他发生矛盾的那个信息员，像疯了似的一边骂一边打，还不停地抓、咬那些试图制止他的他犯和民警，结果导致多名罪犯受伤，遇到这样的罪犯真是让人有点头痛。我的问题是：作为分监区民警，该如何处置类似突发暴力事件呢？

回答：对狱内暴力事件的处置是罪犯管理的重要环节。你在提问中没有说明前后两次处置肖某违规的具体细节，单从结果来看，我猜测肖某对第一次的处置结果应该是不服气的，这也可能是他实施后续一系列违规行为的主要原因。当然，我们的处置是不可能让每个罪犯满意和服气的，但是民警有必要观察、评估是否有对处置结果不服气的罪犯，以便对那些心怀不满、伺机而动的罪犯有所防范。

处置一般可以分为现场处置和事后处置，其中现场处置罪犯之间的争执推拉、打架斗殴等突发情况是基层民警必须具备的基本技能。对于罪犯暴力违规行为的现场处置，每个监狱都有明确的处置预案，一般遵循"开机、管控、汇报、善后"的流程，也会要求基层民警加强学习、演练，以便在遇到突发情况时能够做到迅速反应、紧张有序、规范处置。在现场处置的过程中，我认为应当以阻止正在发生的冲突为首要目标，及时稳控事态，避免事件进一步恶化。另外，当狱内暴力行为涉及信息员时，民警在处置的时候要特别注意做到公平和细致。信息员是经过挑选、协助民警开展工作的罪犯，日常和民警接触相对较多，可以说在某种程度上受到民警更多的信任，当事另一方的罪犯也会因此特别容易得出民警在偏袒信息员的结论。

如果你是肖某违规行为的现场管理民警，我建议无论信息员是否被打，在了解冲突发生的来龙去脉之前，先不要发表评论，特别是带有情绪的言行。这个时候，民警的关注点应该是"事"，要对事不对人。支持和维护信息员的工作固然重要，但从更高站位和更长久时间尺度来看，树立和维护监狱民警公平公正的执法形象显然更加重要。

事后处置往往更加复杂、要求更高，需要综合运用狱政、狱侦、教育矫正的方法。我认为有两点需要特别注意。第一，要评估教育效果。暴力高风险罪犯的特点是内心敏感、脆弱，自尊心强，冲动之下行事不计后果。因此民警在事后处置时一定要让暴力高风险罪犯对事件有一个较为客观、理性的认知，能够意识到自身行为的不足之处，接受民警对双方的处理意见。第二，要评估处置措施。因为涉及暴力风险罪犯，如果事件处置留下隐患，就有可能引发再次矛盾冲突，造成难以预料的后果。如果评估处置的效果不佳，就应当采取进一步跟进防控和教育措施，比如将冲突双方进行物理隔离或者让其他民警一起介入开展教育等。这两点注意事项围绕的核心都是为了避免民警花费了大量时间、精力，罪犯却仅仅因为迫于民警压力或害怕惩罚而暂时咽下所谓的"委屈"，然后在某一天再次"爆发"。

问题 2：如何处置罪犯挑衅与攻击

提问：前几天分监区发生了一件事，我想想还是有点后怕的。当时一民警在做集体讲评，主要内容是批评两名罪犯的暴力违规行为，并宣布处罚决定。一开始，都跟往常一样，没有任何异常征兆，然后其中一名涉事罪犯突然站起来大声指责民警，说自己根本没有错，认为处分太严重。民警几次命令他坐下，但这名罪犯情绪非常激动，根本不听从指挥，还冲撞站在他前面的他犯，一副想要打民警的样子，现场一度混乱。当时我很担心会出什么事，好在现场其他民警很快采取行动并对这个罪犯实施了强制手段。被控制后，这个罪犯还是骂骂咧咧的，叫嚣着让民警小心点。我的问题是：当民警遇到暴力高风险罪犯当众挑衅和对抗时，该如何处置才能有效控制现场？

回答：像你说的罪犯对抗管教或攻击民警事件时有发生，我建议在现场的民警重点做以下几点：

一是隔离。监狱是一个人员高度集中的场所，人员聚集和围观会给危机事件的降温和解决带来干扰，甚至可能进一步引发当事人的过激行为，增加场面失控的风险。在罪犯对抗管教或攻击民警的情境下，关键是将当事罪犯带离事发现场，带至一个相对安静、刺激较少的场所。这样做一方面有利于当事罪犯恢复情绪稳定，另一方面为民警后续对事件的了解、处置和教育营造便利条件。

二是安抚。当一名罪犯处于激烈情绪状态中，他的所作所为都是非理性的。在这种情况下民警对其进行教育和后续处置，很难达到预期效果，所以安抚其情绪是必要的过程。在对情绪激动的罪犯进行安抚时，可以从以下几个方面着手：

（1）聆听罪犯合理诉求。有些罪犯之所以会与他人发生暴力冲突，往往是因为自身的合理诉求未能得到重视，或者感觉受到了他人的侵犯。在这种情形下，先了解其诉求是最有效的安抚举措。

（2）提供共情。罪犯作出一些攻击性举动的时候，他们的内心大多正处于一种恐惧、愤怒、受挫、焦虑等复合情绪状态，这时候如果民警威吓、训斥、讥讽等，会让他们认为坏事即将发生，反而会激化事态发展。进行一些适当的共情可能会取得更好的结果，比如："虽然你的行为违规了，但是我能理解你的担忧，你慢慢说，我会仔细听！"民警说话的语气要尽可能平静、镇定、和缓，不能被罪犯的情绪带着跑。

（3）转移愤怒情绪。转移愤怒情绪是指帮助罪犯把愤怒情绪转移到其他事情上，可以使用的方法有多种，比如可以要求罪犯先坐下来，将注意力从冲动行为上移开。也可以通过重复他的话语，引导他详细讲述或书写其诉求。当他感受到民警的关注，开始思考抑或把注意力集中在其他行为时，他的愤怒情绪就会得到有效转移。

（4）厘清核心问题。要高度集中注意力，认真倾听罪犯所说的话，从而准确分析问题所在，比如当下面临的最大问题是什么，能不能解决，或者在多大程度上解决，从而清楚自己能够答应什么或不能答应什么。这个时候，民警需要避免两个极端：寸步不让或无底线退让，这两种态度对和缓事态都弊大于利。

三是武力。如果采取了前面两个步骤措施仍然无法取得预期效果，比如罪犯情绪激动，有较大的安全危险或者正在实施暴力行为，且不听从民警的命令。此时，为了避免危机事件的进一步扩大，采取武力震慑是必要的。武力从来不是对暴力高风险罪犯进行干预的优先选项，但它是必选项，也可以说是监狱作为国家暴力机关最有力的保障。通过武力，首先是及时将暴力风险隐患减到最低，以免造成恶性事件；其次是要震慑所有罪犯，让他们认识到暴力行为是被坚决禁止的；最后是帮助暴力罪犯及时恢复理智。有的罪犯在暴力事件后的访谈中也提到非常后怕，说当时脑子一片空白，要不是被及时制止，自己很有可能会因为伤害他人过重而被加刑。不过，在实施武力展示时，也要注意三点：①尽量在相对开阔的地带进行，有利于控制住罪犯；②将无关人员清离现场，以免造成误伤；③要注意武力展示度的把握，尽可能避免武力的过度使用。需要说明的是，在罪犯袭警、行凶杀人等极端暴力情形下，现场民警出于阻止犯罪和自我保护的目的，可以使用无限防卫权，无需考虑对施暴罪犯的身体造成多大程度的伤害。

问题3：如何管控"抱团对抗"的罪犯

提问：以前和老民警聊天时，他们都会提醒我重点注意来自某个地区的罪犯，因为这些罪犯往往比较"团结"。具体表现就是如果一个罪犯发生冲突，其他老乡就会上去"帮忙"，很容易引发打群架事件，威胁监管安全。近期我所在的分监区也出现了类似事件：一名某省籍罪犯因违规洗澡受到训诫，后几个同省罪犯一起找到分监区领导"说理"，甚至扬言"如果不改变处理结果，就把我们都送去严管"。估计他们是认定罚不责众，只要团结起来，这么多老乡一起，或许监管民警就有可能会大事化小、小事化了，不会把他们怎么样。由此我联想到很多暴力高风险罪犯在入狱前就喜欢讲江湖义气，入狱后也总是拉帮结伙。我的问题是：作为分监区民警，该如何管控、处置此类"抱团对抗"的罪犯？

回答：费孝通先生在他的代表作品《乡土中国》里说我们都是以自己为中心，对人和事进行评判。如果一个人犯了错，但是他跟我的关系非常亲近，我就可能会包庇他。在监狱环境中，罪犯离开了家人和原来的社会关系，有的认为自己以后还要回到社会，因此没有必要跟他犯有亲或仇的关系，互相作路人即可；有的则迫切地要跟他犯建立比较紧密的关系，形成新的关系网。后者在出现问题时倾向于互相提供建议和帮助，也认为有必要在对方与包括民警在内的他人发生冲突时"挺身而出"，为朋友"两肋插刀"。对于这种现象，我们首先要了解、理解，然后才可能设计、实施针对性的策略。对"抱团对抗"罪犯的管控、处置，我认为可以从以下两个方面着手：

一是要及时发现、尽早介入。"抱团对抗"、打群架事件一旦发生，由于涉及人员众多、现场情况复杂多变，极易引发难以估量的后果，因此民警对罪犯拉帮结伙现象一定要高度关注，一旦发现，就要引起重视，尽早介入。目前我们主要采用的方法是分流管理、化整为零。对团伙成员，特别是骨干成员，可以将他们分散到不同关押单位，防止他们抱团。对这些罪犯而言，集结成伙可以说是一种本性，虽然短时间内很难纠正，但分流会给他们制造麻烦，增加他们形成团伙的"成本"。监区间、监狱间的定期分流虽然需要消耗民警大量时间和精力，但可以有效打散已经形成的团伙势力，也可以使得新的团伙势力来不及成形、成熟。需要注意的是，对暴力高风险罪犯的分流工作绝不能流于形式，一定要综合考虑、统筹协调、动态跟踪，防止原来的团伙成员在多次分流后再次聚到一起。

二是要分化处置、分类处理。如果发生"抱团对抗"、打群架事件，民警不能"一视同仁"，而是要对团伙成员进行分化处置：一方面要"擒贼先擒王"，对团伙骨干成员，按照监规纪律进行严肃处理、严厉打击，起到处理几个、教育震慑一片的效果；另一方面对团伙中的跟随者、胁从者，要以教育转化为主。暴力高风险罪犯虽然看似强大、凶悍，但实际上大多是内心脆弱的个体，需要寻求依靠、相互扶持。如果民警通过关心帮扶和教育矫正，让这些跟随者、胁从者感受到民警、家人和社会的理解和依靠，那么他们就没有寻求个别他犯的庇护的必要，也更有可能主动放弃抱团的想法。

问题 4：如何管控暴力行为重点场所

提问：昨天第一次参加了监狱狱政支队牵头的"一案众析"会。这次会议主要是对近期发生的两起罪犯暴力事件进行总结分析。会上有民警提出罪犯洗漱、就餐、劳动、娱乐等相关场所是暴力违规事件的高发地，而对这些重要场所现场的管理不到位，就是这两起暴力违规事件发生的重要原因。记得在读书的时候，课堂中老师提过"热点警务"（hotspot policing），就是通过对犯罪高发地区进行有效控制和干预，以减少犯罪活动的发生。我的问题是：作为一名新民警，对于会上提出的这些暴力违规热点，我怎么做才能加强对这些重点场所的现场管理呢？

回答：你提到的"热点警务"现在仍是热门话题，其核心就是通过数据挖掘技术找到犯罪高风险区域以便进行有效的预测、预警。一般而言，每个人都有自己相对自在、舒服的"私人空间"，大小是前后0.6米到1.5米。这也是为什么人们在拥挤的场合容易变得不安、易怒的重要原因，比如在电梯这样狭小的空间里，很多人会因为互相感觉到自己的空间被"侵犯"而不舒服。通过对以往在押罪犯暴力违规事件的数据分析，我们发现在人员密集、空间拥挤的场所，大量罪犯需要在规定的时间、有限的空间内完成洗漱、就餐、劳动、娱乐等特定活动，由于频繁互动而引发较多摩擦、冲突，甚至升级为暴力行为。这些场所就是狱内暴力行为的"热点"。

为了减少这些高发地的暴力事件数量，我们可以拓展这些场所的空间、延长罪犯活动的时间、增加当班民警的数量、加强此时段的监控等。另外，我们也可以在管理细节上下功夫。比如我们看到星巴克点单都是横向排队，有解释说这是为了让顾客在等待过程中能够看到右侧当下的促销产品和左侧的马克杯和甜点，以诱发购买，增加销量，而且即使不买也能让顾客在排队的过程中因为看到左右两侧的物品以及伙食柜台里忙碌的工作人员，而有效减少排队时的烦躁情绪以及可能发生的冲突与矛盾。暴力高风险罪犯在排队洗漱时，可能会因为无聊的等待而无事生非，也容易为了抢占位置等发生肢体冲突。为了解决这个问题，我们也可以考虑改进罪犯在洗漱现场的排队形式，设置醒目的提醒标识，利用广播引导、提醒罪犯配合现场民警的巡察，也可以在此时段播放一些轻松的娱乐内容或知识类的教育内容，起到转移罪犯注意力、缓解急躁情绪的作用。

　　需要注意的是，暴力行为一般都有一个形成的过程，有的摩擦、冲突虽然没有直接升级为暴力冲突，看似已经平息，但还是需要民警介入处置，以免后患。比如有个罪犯自述在排队打饭的过程中与他犯发生冲突，当班民警发现并及时阻止了冲突的升级，但是这名罪犯一直耿耿于怀，过几天排队洗漱的时候刚好又碰到那名他犯，还被他踩了一脚。这名罪犯认为他犯故意挑衅，一拳打了过去。德国飞机涡轮机的发明者帕布斯·海恩（Pabs Hein）提出的"海恩法则"是航空界关于飞行安全的法则，说的是每一起严重事故的背后，必然有 29 次轻微事故和 300 起未遂先兆以及 1000 起事故隐患。监狱基层管理也有一句话，"没事有事不出事，有事没事出大事"，就是提醒我们要及时发现、妥善处置罪犯的矛盾隐患、未遂冲突和轻微冲突。俗话说，人无远虑、必有近忧，只有把工作做在前面才能有效遏制严重暴力冲突的形成。

　　联想集团主席柳传志曾说执行最大的问题实际上是人的问题，暴力行为重点场所的管控也是如此。在实践工作中，再完善的预案、严密的规章，都无法取代民警的素质和责任心。民警要主动作为，筛查危险因素、解决隐患，但是完全依靠民警自动、自发的工作也是不可持续的，监狱也需要思考如何提高队伍建设水平，更有效地提升民警素质、激发民警的工作积极性与主动性。

问题 5：如何管理劳动现场的刀工具

提问： 这周我在劳动现场巡查时，发现一些罪犯在踩缝纫机的时候会用一些硬纸板或硬塑料垫在机针边上作为辅助工具，其形状也千奇百怪，有方形、长条形、锐角三角形。我能够理解罪犯用这些工具的原因，但是我也有点担心要是有暴力或者自杀倾向的罪犯把这些硬纸板或硬塑料片藏起来，是不是就会成为安全隐患。进而，我联想到对暴力高风险罪犯而言，劳动现场的小剪刀、螺丝刀、铁片及榔头等物品都是可以用来实施暴力行为的工具。做好刀工具的管理对于暴力行为的防范至关重要。我的问题是：在暴力高风险罪犯的管理中，应该从哪些方面注意，才能比较好地管理好劳动现场的刀工具以减少安全隐患？

回答： 做好刀工具管理的目的是最大限度地降低罪犯获取暴力攻击工具的可能性。对此，很多监狱已经有成熟做法，总结起来主要从以下三个方面进行重点把控和防范：

一是规范工具管理。对工具的管理要做到"四定"，即定量、定人、定时、定位。定量是指在配备工具数量时遵循管用、够用原则，切忌过多滥用，以免工具流失和管理缺位。定人是指工具谁使用，谁就负有管理责任。如果出现损坏、缺失等情况，相关人员必须第一时间汇报；如果以旧换新，要做好登记，而且更换下来的破旧工具要交给专人回收并清出监内。定时是指要定期安排专人对劳动场所的工具管理使用情况进行检查，确保工具数量准确，管理、使用正常。定位是指对刀具、榔头、螺丝刀等工具进行上链固定，防止挪作他用。

二是科学安排工种。对暴力高风险罪犯的劳动工种安排，首先是不能让他们使用和接触危险劳动工具，以便从源头上杜绝这类罪犯使用危险工具实施暴力行为的可能性。其次是劳动工种应尽量简单和固定，因为这类罪犯的认知模型往往比较单一，扩展性不足，也就使得他们不容易适应、掌握复杂工序，也很容易因为劳动不顺而产生受挫感，或因为赶不上其他罪犯的劳动进度而与他犯产生冲突，进而引发暴力事件。再次，劳动岗位周围环境不宜过于嘈杂，因为这类罪犯的情绪波动起伏大，比较容易受周围环境的影响。有的监狱把他们安排在靠近民警固定执勤点的位置，以方便监控他们的一举一动，并在发现不良苗头及时进行处置。最后，建议另外在这些暴力高风险罪犯的周围布置反应快、脑子灵的联号包夹罪犯。如此，一旦有"风吹草动"，就能够在第一时间被发现并阻止。

三是严格清监搜身。根据以往的狱内暴力事件总结，我们发现报复行凶类暴力高风险罪犯会注意观察民警的工作习惯，查找民警的工作疏忽。有的罪犯也会利用一切可以实施暴力行为的物品，比如普通的一支笔、一块碎玻璃，在他们的手里都可能成为致人死伤的利器。还有罪犯会自制"武器"，比如把牙刷这种平常的生活物品磨尖，把坚硬的桃核打磨以后装在一个小瓶子的瓶口，或是把一枚不起眼的小铁钉、缝纫机针绑在木棍上制成行凶的锐器。另外，他们也非常擅长藏匿危险物品，比如把打磨锋利的小铁片、小钢针夹在杂志、书本里面，或是把小刀片、小铁钉插在鞋底等。

为了严防暴力高风险罪犯的身上或私人物品、私人空间中夹藏危险物品，减少他们使用工具实施暴力行凶的可能性，一般监狱都通过清监搜身进行针对性的物品管控。需要注意的是，在具体实践中最好采取定期清监与不定期清监、普遍清监和针对性清监相结合的方式。这样做可以避免因为罪犯摸清民警工作规律从而获得可乘之机。另外，在实施针对性清监时，也要注意把暴力高风险罪犯放在一个群体中进行，也就是不要只检查某个特定罪犯的物品，以免暴力高风险罪犯得出被民警"针对"的结论从而激化矛盾。

问题6：民警如何通过管控确保自身安全

提问：有一次，我和一位老民警带领6名罪犯流动到其他分监区。期间，有一名罪犯由于脚步较慢，落后于我们半个身位。这位民警立刻停下脚步，要求这名罪犯赶上前面的罪犯。我事后了解到为了监管安全考虑，民警带管零星流动罪犯时，都会要求罪犯必须走在民警前面，目的是防止出现罪犯袭警事件。而且在流动过程中，民警都会仔细排查罪犯的随身物品，以免夹带违禁品或为其他分监区的罪犯带口信等。这件事给我的触动很大，深感这份工作的不容易与不简单。我的问题是：在日常的暴力高风险罪犯管控中，民警怎么做才能充分保障自己的人身安全？

回答：关于这个问题，我们监狱系统内已经总结了很多成熟的经验和做法。根据自己的理解，我做了个简单梳理，供你参考：

第一，保持警惕意识。经过评估被确定为暴力高风险或极高风险的罪犯，即使当前表现稳定，也不能忽略、轻视其实施暴力行为的可能性。

第二，避免情绪刺激。民警在日常管理中要尽量避免：①容易被理解为具有威胁和攻击性的表情和行为，比如和暴力高风险罪犯靠得太近、长时间盯着他们的眼睛、用手指指点点等；②许下无法兑现的承诺；③在非必要情况下和暴力高风险罪犯争论、粗暴拒绝其要求或强迫其做违背个人意愿的事；④说话时突然提高声调、作出强烈反应，或是言语讥笑、挖苦或诋毁；⑤在暴力高风险罪犯违规违纪时通过让旁人聚集围观的方式对其进行惩罚、羞辱等。

第三，保持安全距离。行进过程中，民警不要走在暴力高风险罪犯前面，而应跟随在其身后。另外，除非安全防范措施到位，尽可能避免与暴力高风险罪犯单独待在一起。如果在特殊情境下必须与其单独共处一个房间，应该占据门口等安全位置并与其保持3米以上安全距离，确保在遭受攻击时能安全撤离。

第四，排除危险物品。在暴力高风险罪犯周围应尽量避免出现可用作暴力攻击的物品，重点落实日常清监搜身，防止其藏匿危险物品、自制凶器。

第五，加强处置演练。事先制订应对突发和意外事件的应急计划和步骤，以便明确"该怎么办"，最好能从监区层面进行反复演练，以形成"肌肉记忆"，避免在危机发生时因为紧张、害怕等无法作出快速反应。

以上经验和做法，有的来自以往事件"血的教训"，有的是民警在日复一日工作过程中积累的经验和反思。以上五点的核心是确保安全和秩序。有的人觉得民警工作时要避免这个、避免那个是"示弱"的表现，但是我认为监狱工作不仅需要勇气和担当，也需要智慧。不讲科学、不讲经验的行事作风是小卒之举、匹夫之勇。

问题7：暴力高风险罪犯是否适合担任组长

提问：我们分监区有一名流水线组长，脾气特别火爆。有一次在劳动现场因为生产琐事与一名组员发生矛盾，组长认为这名组员故意针对他，一怒之下冲上去打了组员，两人扭打在一起，后来被其他罪犯分开。在分监区区务会研究此事件的处理意见时，有民警提出："组长的工作方式虽然粗暴一点，但是生产技术精、改造态度积极，他这次跟他犯发生冲突，一方面是为了协助民警开展工作，出发点是好的；另一方面也有助于树立威信，可以让其他罪犯今后更好地服从劳动安排，顺利组织开展生产劳动，属于情有可原，建议从轻处理。"我的问题是：这位民警的意见是否合理？暴力高风险罪犯适合担任组长吗？

回答：首先我不能认同这位民警的意见。监狱不像企业，可以将追逐利润作为第一要务。监狱是执法机关，最重要的工作是惩罚和教育罪犯，而这两项核心工作又都以安全和秩序为基础。无论出于什么样的理由，这名流水线组长动手打他犯都属于违规违纪行为，应该按照规定进行处理。

对于你的第二个问题，我认为暴力高风险罪犯不适合担任组长。流水线组长的工作职责是协助民警开展工作，而不是制造混乱、威胁秩序。多年前，由于当时监狱管理不够规范，存在"拐棍"等现象。也就是说，有的民警会利用普通罪犯对暴力高风险罪犯的畏惧心理，让部分暴力高风险罪犯担任组长、信息员等，以带来管理上的便利。结果是一部分担任组长、信息员的暴力高风险罪犯在民警面前阳奉阴违，暗地里拉帮结伙，欺压、胁迫他犯，致使罪犯中普遍缺乏安全感，无法安心改造，甚至出现打架斗殴、牢头狱霸等现象，极大地损害了司法公正和权威。

经济学家霍斯特·西伯特（Horst Siebert）创造了"眼镜蛇效应"这个术语。其来源是在殖民时代的印度，当地政府为了减少德里的眼镜蛇数量，悬赏捕杀它们。丰厚的赏金让很多人开始猎杀眼镜蛇，眼镜蛇数量也的确明显减少。但是为了持续获得赏金，人们开始在家里饲养眼镜蛇，等当地政府意识到这个问题后，就取消了赏金。那些被养在家里的眼镜蛇因为失去了价值而被放生，结果就是街上的眼镜蛇数量比悬赏捕杀政策出台前还要多。也就是说，解决问题的办法变成了更大的问题。

暴力高风险罪犯的最大特点是情绪不稳定，行为难以自控，"动手能力强于动口能力"。如果让他们担任组长、信息员，不仅在解决困难和化解矛盾方面发挥的作用有限，而且大概率会制造更大的问题。我们一定要注意：不要让解决问题的办法成为更大的问题。

问题 8：暴力高风险罪犯是否应该分别关押

提问：我工作有一段时间了，一直没有发生特别的事情，就是日常的带收出工、带学习、带吃饭、带活动、做台账……本来以为监狱工作就是这么"平淡无奇"，结果我还是太天真了，这个星期居然连续两天发生了狱内暴力事件。一起是一名罪犯因为殴打另一罪犯而被严管，另一起则是一名罪犯与民警爆发激烈冲突而被控制。通过这两起事件，我不禁想到一个问题：狱内暴力事件影响大，危害罪犯、民警和监狱安全，把暴力高风险罪犯进行集中关押可以确保大部分监区的稳定，但是如果分散关押又可以防止一部分暴力高风险罪犯聚在一起闹出大事。这两种关押方式似乎各有利弊。我的问题是：把暴力高风险罪犯统一集中到一个监区，还是分别关押到不同监区更安全呢？

回答：解决暴力高风险罪犯的管控问题，可以说是一个持续斗争、此消彼长的动态过程，没有十分完美、一劳永逸的办法，只有比较好或更好的办法。我个人比较赞同解决问题的思路是：第一，得先"有"，然后慢慢修正；第二，找到比较好的方法，而不要执着于"最好"。

对于你说的暴力高风险罪犯集中关押或分散关押各有利弊，我完全赞同。如果一定要做个排序，相较于集中关押，我更倾向于分散关押。首先，从监管安全方面考虑。一般而言，暴力高风险罪犯往往情绪控制能力比较差，如果把这些人关押在一起，虽然不一定会发生比较严重的骚乱或暴动，但是发生矛盾、摩擦乃至肢体冲突的概率肯定是比较高的，这就会给监区层面造成非常大的管理压力。其次，我们要更长远和更全面地看待这个问题。确保监狱内部的安全稳定仅仅是监狱工作的底线目标。相较而言，帮助罪犯刑满之后顺利回归社会、成为一名守法公民，才是更重要的目标，而分散关押显然比集中关押的状态更接近正常社会生活，因为罪犯在这样的环境下才可能相对正常地参加学习、劳动和娱乐，学会与他人和谐相处。这样的服刑经历对他们回归后的生活显然是更有帮助的。反之，在暴力高风险罪犯集中关押的状态下，罪犯经常处于相互对立、互相碰撞的紧张状态，很难学会如何与他人正常交往，更别说刑满释放后能够顺利融入社会生活了。

根据以往多年工作经验，我发现当一个分监区最暴力、最难管的罪犯被防控、调走或刑满以后，另一个很暴力、很难管的罪犯又会冒出来,似乎始终就有这样一个角色存在一样,而分监区想要彻底消除这个角色的努力往往也是徒劳无功。我记得美国联邦监狱管理局为了解决监狱中帮派成员的贩毒、伤人、杀人问题,准备新造一个高度戒备监狱,让各地监狱把最难管、最凶残的罪犯送过去由他们统一管控。最后结果不是各地监狱变得太平了,而是各地监狱的犯罪数量都明显上升。这其中的原因之一就是原来的"一把手"不在了,罪犯需要通过武力证明自己有资格坐空出来的"一把手"位置。

我认为民警通过落实管控措施、营造良好的改造氛围,稳住暴力高风险罪犯才是最省力的策略。毕竟已经浮出水面的危险分子更容易被管控,而潜在水底的危险分子则可能是带来更大危害的不稳定因素。从集体心理学的角度讲,罪犯如果内心有宣泄对抗、暴力的愿望,但自己又不敢、不愿表达或实施,就可能需要一个角色站出来替他们表达、实施。这就是这个角色的功能,也是这个角色存在的原因。

当然,万事不可过于绝对,我们不能过于极端地看待问题。对于极少数暴力风险极高、明显带有暴力型人格特征的罪犯,如果民警的管控和教育手段都不管用,同时他们的暴力行为对他犯、民警和监狱的破坏性又过大,那么对他们实施集中管理教育显然是明智之举。

问题 9：如何看待警械具的使用

提问：听说有民警在处置暴力事件时因为使用警械具不规范受到监狱处理，我不禁或多或少有点担心，怕在紧急情况下使用了警械具，却被认定为不合规，甚至不合法，应该说有这种担心的民警数量还不少。这也是为什么有的基层民警在面对暴力高风险罪犯时存在不愿管、不敢管的现象。有的罪犯还"笑话"民警，说我们虽然随身佩戴单警装备，看上去威风凛凛，但是更多时候是装样子。在我们的日常工作中，警械具的使用往往需要审批，有的民警嫌麻烦、懒得审批就不用或者偷着用。至于年轻民警，由于缺少经验，不能确定可以使用警械具的场合，是"不会管"。这些情况综合在一起，我的感觉是我们在遇到暴力事件时有点被动，在该使用警械具的时候可能不敢、不愿用，而在不该用的时候可能乱用。我的问题是：作为基层民警，该如何看待警械具的使用呢？

回答：监狱是一个暴力机关，民警执法也可以看作是一种强权，所以我认为警械具的使用首先是必需的。佛陀有句话是："只要能让众生修行大乘佛法，倒也不妨方便行事"。这句话的意思是能行霹雳手段，方显菩萨心肠。小威廉·克尔·缪尔（William Ker Muir，Jr.）是美国加州大学伯克利分校的政治学名誉教授，他也提出类似观点。他认为好警察应该同时具备两种素质，既要拥有强烈的同理心，能够用悲悯的视角理解犯罪人，看到人类痛苦的根源；也要拥有过硬的专业本领，在紧要关头，能够果断使用武力阻止犯罪而不畏惧。

对于在押罪犯，他们犯罪入狱，背后有个人原因，也有社会的原因。作为民警，在日常管理中，要理解他们犯罪的原因和在监狱内会实施暴力行为的心理，以便对他们进行有效的管控和教育。但同样重要的是，在遇到暴力事件时，民警能够根据当时情境、事态发展和法律法规会用、敢用武力，包括使用警械具。罪犯在服刑期间虽然失去了人身自由，也相应失去了很多权利，但是并不代表他们无法跟民警进行博弈。就像古话说的："光脚的不怕穿鞋的"。如果罪犯发现民警不会、不想、不敢用武力，很有可能会抓住民警的"软肋"，故意激怒民警，也可能会嘲笑警察无能、藐视国家权威。现在对民警武力的使用有很多规定和细则，其目的不是让民警不用警械具，而是防止滥用，因为权力一旦被滥用，也就离权力的失去不远了。

　　当然，监狱领导层在要求民警合理、合规、合法使用武力的时候，也要给民警提供足够的心理安全。作为一个单位和部门的领导，首要作用就是给民警队伍提供安全感。安全感能带来认同感，只有在有安全感的组织里，民警才不会战战兢兢，不会抱着多一事不如少一事或多做多错的心态工作，也才可能实现民警队伍上下高度合作。可以说，民警在遇到暴力事件时，能果断判断是否使用武力、使用何种级别的武力，展现的是一所监狱执法的专业性和职业性。

问题 10：如何看待以暴制暴

提问：听分监区工作多年的民警讲起以前的工作经验，有一点让我印象深刻：对于难以管理的罪犯，最好的办法就是让他"吃"巴掌，特别是喜欢打架的罪犯，民警的拳头一定要比他硬，打怕了，他就老实了。关于警械使用条例，有些民警私下里说：现在的管理就是对罪犯太文明了，所以他们才会不服从民警管理，甚至有罪犯公开挑衅民警，这种情形要是放在以前是不可能的。我在分监区的管理中也发现有些罪犯，你和他讲再多道理，说破嘴皮，他也听不进去，但是如果你拿出电警棍吓唬他一下，他反而马上就老实了。所以在实际工作中，存在部分民警虽然知道以暴制暴与制度要求相违背，偶尔还是会"铤而走险"。我的问题是：对于道理"油盐不进"的罪犯，以暴制暴是不是更可行的解决办法呢？

回答：前面提到过一个好警察的标准是"金刚的手段，菩萨的心肠"，不过这里说的可以采用"金刚的手段"的情形，主要是指在特定情形下，比如罪犯正在对他犯或民警实施暴力行为，在言语阻止无法奏效的时候，民警可以迅速使用武力结束罪犯的暴力行为，以避免造成更大的伤害。但是如果某个罪犯用讲道理等非武力介入方法就能制止其言行，却要用武力介入则是有待商榷的。

首先从监狱工作的方针来看。监狱的工作方针是："惩罚与改造相结合，以改造人为宗旨"。惩罚包括暴力，但惩罚不等于暴力。对罪犯而言，失去自由是对其最大的惩罚，服刑期间部分权利的丧失也是惩罚。监狱虽然是国家暴力机关，但这里的暴力无论是内涵还是外延都是有选择和节制的。暴力的实施对象、方式及程序等相关内容都必须遵循法律和监狱的相关制度要求，而以暴制暴显然与监狱工作方针是相违背的。

其次从监狱工作的目标来看。监狱的工作目标是将罪犯改造成为守法公民，而不是用暴力镇压罪犯。要将暴力高风险罪犯改造为守法公民，必然要想办法化解其身上的暴力习性。只有罪犯从内心想改变，才是真正的改变，也才可能持久，因为畏惧暴力而带来的改变只能是"口服心不服"，是一种暂时的转变。如果民警一方面要求罪犯之间讲究文明礼貌、友好相处，要用非暴力的方式解决与他犯之间的冲突或矛盾，而且期待他们刑满释放后继续用暴力以外的方式面对和解决生活中的问题；另一方面民警自己却"以身作则"，随意使用暴力，很容易被解读为"只许州官放火，不许百姓点灯"，进而对民警的管控和教育产生质疑和抵抗。

最后从监狱工作的实际来看。我们往前追溯监狱历史，就会发现以前罪犯管理虽然不像现在这样规范，民警使用暴力的比例比现在高，但是罪犯实施暴力行为的案件数量也多。民警如果使用了暴力，罪犯迫于当时情境，虽然抱着"不吃眼前亏"的想法表示"服了"，但是以后逮到机会可能还会继续实施暴力，甚至实施报复民警的行为。相较于以往，现在对民警的文明执法要求更加严格、规范，同时，罪犯暴力行为事件发生的数量也有显著减少。这一点不仅可以通过数据统计予以证明，工作年限长的民警都有切身体会。

暴力和非暴力的力量往往是此消彼长的，以暴制暴的干预方式很可能压制罪犯自身非暴力的力量。民警不能害怕使用暴力，但是这不代表能把暴力当成日常管控罪犯的常用工具。暴力就好像是工具箱里的"压箱石"：得有，但是不能随意拿出来用。

问题 11：如何看待对民警的追责

提问：最近和几个同事在一起聊天，谈及监狱对罪犯暴力违规事件的追责问题。大家都有一种感觉，就是现在上级部门对民警的追责过于严苛。比如两个罪犯打架，上级部门首先追查民警有没有排摸筛查，如果没有排摸筛查出来，那么排摸筛查不到位就是民警的第一重"责"；如果已经排摸筛查出来了，那么就会追查民警管控教育不到位的责任，这是民警的第二重"责"。也就是说，只要罪犯打架违规，始终有民警要认领责任、接受处理，大家觉得这真是个坑啊！我觉得在监狱里，罪犯暴力违规可以被减少，但是无法被消除，那是不是说民警掉"坑"也是不可避免的。说实话，这样的追责方式对基层民警的工作积极性造成了较大的影响。我的问题是：对罪犯的暴力违规事件，是否有比较合理的追责方式？

回答：关于发生了狱内暴力行为，"要不要对民警追责"以及"该如何追责"的问题一直困扰着基层民警，而要回答这个问题，我认为关键是厘清几个理念。

一是狱内暴力行为有其发生的必然性。暴力行为伴随着人类的发展，客观而言，人类社会不可能消灭暴力。监狱作为社会的一部分，好比一个微型社会，只不过里面居住的主要人群是因为各种犯罪而入狱的人。在这个小社会，由于物理隔离而产生各种资源的"稀缺"，暴力行为的存在在某种程度上来说是非常"正常"的。如果监狱管理层秉持凡"有暴力必追责"的原则，就意味着无论民警主观上怎么努力，必然有人受到处理。久而久之，必然会挫伤基层民警的工作积极性。这也是为什么会有民警觉得多做不如少做、做多做少一个样的原因之一。

二是狱内暴力行为是可防可控的。如果认定暴力是必然的，就秉持跟第一点完全相反的原则，走向另一个极端：无需追责。这不仅不是对民警的保护，反而会削弱民警对防控狱内暴力行为的主观努力，放任狱内暴力行为的发生，结果可能是"引火烧身"，危及民警自身安全。通过开展罪犯危险性评估，我们可以筛选出暴力高风险罪犯，继而跟进针对性的教育管理举措，那么就能减少这部分罪犯发生暴力行为的可能性，降低暴力行为造成的危害性。

关于狱内暴力行为的追责问题，个人比较支持这样的做法：对一般罪犯的暴力违规行为，是否追责的依据是现场处置是否规范有效，只要做到了，就无需追责；对暴力高风险罪犯的暴力行为，是否追责则要综合考虑现场处置、管控措施落实以及造成后果等方面因素。这样做的好处是既能规避民警的"无限责任"，又能激发民警主动防控的积极性，最大限度地发挥追责的效果。

我认为只有克服责重权轻、利寡责重、利丰责轻、责权利脱节状况，达到责权利对等，才可能真正调动民警积极性和责任心，让民警干得实在、干得有劲、干得安心。

教　育

问题 1：对暴力高风险罪犯开展教育是否有用

提问：我们分监区有一名罪犯，因殴打他犯被强化矫正两个月。在此期间民警对他进行了大量耐心细致的教育工作，还让他参加了降低暴力风险的团体辅导项目。他在解除强化矫正时认错态度很好，并保证不会再发生暴力行为，但回到分监区不久又发生了殴打他犯的行为。问及原因时，他仍然和以前一样认为自己被逼无奈、没办法控制自己，前期所有矫正的效果似乎荡然无存。在日常工作中，分监区的暴力高风险罪犯就那么几个，但是为了教育转化这几个人，往往需要消耗大量的时间、精力，最后还效果不佳，甚至毫无效果，我们都感觉特别无奈。我想暴力高风险罪犯从小到大应该接受了不少的教育，如果教育有用的话，也不至于变成今天的样子。我也听到身边一些同事说，"这些罪犯是花岗岩脑袋，教不好的，最有效的办法就是狠狠打击，不需要浪费精力去教育"，国外也曾有"矫正无用论"。我的问题是：对暴力高风险罪犯开展教育究竟有没有用？

回答：在我们日常工作中，你提到的个案及因为暴力高风险罪犯教育转化工作而产生的挫败感都是客观存在的。基层民警中有"教育无用论"，国外也的确有研究曾证明"矫正无效"，比如在 20 世纪 70 年代，美国社会学家马丁森（Martison）对超过 800 个矫正项目的相关研究进行元分析后，提出矫正机构给罪犯提供的干预项目对减少犯罪行为或降低再犯率没有效果。关于你的提问，我是这样理解的：

首先，之所以有民警认为"教育无用"，可能是由于受到个人或管理要求的影响而使得他们的评价标准出了问题。一是"一刀切"的问题，即认为普遍性的教育不能奏效的罪犯，就是不能教育的罪犯，忽视了罪犯个体的差异性；二是"急功近利"的问题，即对一个罪犯做了一些教育工作，就想看到立竿见影的效果，否则就判定其不能被转化；三是"绝对化"的问题，即一个罪犯经过教育，虽然有了一些改变，但只要再次发生违规，教育的效果就被一票否决。如果我们的评价标准能够更加客观、理性、科学，也就更容易看到罪犯教育改造的效果。

其次，我们不能因为看到一种或几种教育方式无用，就断定教育无用。毛泽东同志曾说"人是可以改造的，就是政策和方法要正确才行"，因为任何人都有自我成长、适应社会的倾向。国外相关研究也早已从"矫正无效论"转向到"什么有效和如何有效"的研究和实践，并在20世纪90年代和21世纪初再次见证了刑事司法领域罪犯康复和矫正兴趣的复兴。教育讲究因材施教，我们日常工作中也注重"一把钥匙开一把锁"。对于某些罪犯，我们可能已经尝试了一些教育方式，比如个别谈话、亲情帮教、法律援助等，如果没有明显的效果，只能说明这些教育方式对这名罪犯没有明显的效果，并不能说明我们无法教育这名罪犯，也不能证明这些教育方式是无用的。古希腊物理学家阿基米德（Archimedes）说："给我一个支点，我可以撬动整个地球"。如果我们的教育没有效果，或许我们该回头或转头看看是不是因为没有找到正确的"支点"。

再次，我们不能忽视对暴力违规发生率的控制和民警教育素能的培育。从罪犯暴力违规发生率的控制来说，教育改造工作对于防止暴力中、低风险罪犯变成暴力高风险罪犯是有效果的，比如一名罪犯因为殴打他犯被强化矫正，对其他"蠢蠢欲动"的罪犯就有警示、遏制作用，可以有效控制分监区暴力违规的发生率；从民警教育素能的培育来说，对于包干民警、分监区民警队伍而言，每一个罪犯的教育转化都是一次实战练兵。越是具有挑战性的教育转化对象，越能够暴露出我们教育转化素能的短板，也越需要我们在实战中不断补齐短板，持续提升素能。

另外还需要说明的是，我们所说的教育应该是指包括劳动改造、刑罚执行在内的"大教育"，而不仅仅局限于教育改造。监管改造的各项工作是一个有机整体，因此我们不要割裂地去看待教育是否有用，而是应该把这个问题放在监管改造的整体工作中去审视。

问题2：如何矫正暴力高风险罪犯的不合理信念

提问：在我们分监区，监舍包干卫生的分配一般先按照小组罪犯人数进行平均划分，然后由罪犯通过抓阄的方式进行。近期，新犯刘某分流到我的包干小组，由于小组人员发生变化，监舍小组长按照我的要求安排重新抓阄，结果罪犯刘某对抓阄的结果不满意，拒不完成自己的包干卫生。小组长指责他耍赖、无理取闹，他破口大骂并企图殴打小组长，被现场民警及时控制。刘某是一名改造经验非常"丰富"的"多进宫"，总认为"在监狱里拳头就是道理""软弱就会吃亏""民警也是因为可以依法使用暴力手段才对罪犯有威慑力""想要顺利改造就必须用暴力铺路"等。刘某的这些信念在暴力高风险罪犯中可以说还是比较普遍的，这也解释了为什么他们会把暴力当作解决问题的第一选择。显然，也正是这样的信念导致了他们的暴力违规（违法）行为。我的问题是：暴力高风险罪犯有哪些典型的不合理信念，该如何进行针对性的教育？

回答：艾尔伯特·艾里斯（Albert Ellis）在 1962 年总结了他认为具有普遍意义、通常会导致各种各样神经症状的 11 种主要的不合理信念，韦斯特（West）进一步指出不合理信念的三大特征：绝对化要求、过分概括化和糟糕至极。我们可以以此为参考，结合日常工作中常见的高风险罪犯认知来认识、总结这类罪犯的典型不合理信念。一是绝对化要求。罪犯以自己的意愿为出发点，对暴力怀有认为其必定会发生的信念，它通常与"必须""应该"这类字眼连在一起，比如"我必须使用暴力""有矛盾就应该暴力解决""不高兴就应该暴力发泄"等。二是过分概括化。罪犯往往基于他们有限的经验，简单、片面地认为"暴力可以解决一切问题""一切问题最终都要依靠暴力解决""只有暴力能保护自己""警察、国家机器的本质就是暴力"等。三是糟糕至极。罪犯认为如果不使用暴力，将会发生非常可怕、糟糕的后果，甚至难以生存。他们可能是暴力行为的受害者，亲身体验过暴力行为带来的巨大不安、痛苦和耻辱，反向认同了暴力行为的强大力量，认为"不使用暴力，自己将变得弱小不堪，将处于非常被动和危险的境地"等。所有人都有可能持有对暴力行为的不合理信念，但暴力高风险罪犯在这方面表现得更加明显、顽固和见诸行动。

关于如何矫正暴力高风险罪犯的不合理信念的问题，我们首先要梳理一个罪犯有哪些关于暴力的不合理信念，同时要评估这些不合理信念对他的影响程度；其次，我们需要知道他从什么时候、什么地方、什么人接触到这些信念，又经历了什么事情而让他接受了这些信念，以及这些信念让他得到了什么、失去了什么。要获得一个罪犯的这些信息，就需要全面了解他，而要全面了解他，就要对他保持足够的接纳、好奇和信任。

从暴力高风险罪犯的角度来看，他们一般也知道自己的一些信念"与众不同"，但他们必然有足够的理由为自己辩护。在他们看来，所有不认同他们的信念的人不过是没有遭遇过他们的经历，是"站着说话不腰疼"而已，甚至可能拿"未经他人苦，莫劝他人善；你若经我苦，未必有我善"这样的说辞进行反驳、指责、抵抗。为了让他们改变不合理信念、接受新的信念，除了要去理解、沟通，而不是讽刺、批评以外，我们也要有"自知之明"，了解、反思罪犯对我们的感受。一般而言，如果我们厌恶一个罪犯，这个罪犯也必然厌恶我们，就像照镜子一样。我们对罪犯的态度和罪犯对我们的感受都至关重要。

对于暴力高风险罪犯不合理信念的矫正，我们也要警惕自身的"不合理认知":不是过分乐观就是过分悲观。比如对一个暴力高风险罪犯,当我们知道他有某种不合理信念,认为只要给他指出来,再把道理和利害得失给他讲明白,他就应该"知错就改",如果他还"执迷不悟",就认定这名罪犯顽固不化、不可救药。实际是,每个人都是独特的个体,有其不同于他人的成长环境和人生经历,也有其独特的信念系统。一个人的信念系统往往处于一种相对稳定、平衡的状态。任何试图改变这种稳定、平衡状态的言行必然引发抗拒,而且改变越大、抗拒就越大。试想,我们有多少次企图改变父母转发养生帖子或迷信某种保健品的行为,最后大多是徒劳无功,甚至可能被指责不理解父母的良苦用心、否定父母的判断能力。

不合理信念的改善,是整个信念系统的改善,不是单个具体信念的转变。在矫正暴力高风险罪犯不合理信念的过程中,相较于改变信念,我认为丰富、完善他们的信念会更加简单。我们可以在理解并允许他们保持原有信念的同时,帮助他们理解并接纳新的信念。也就是说,我们并不一定要"破旧立新、先破后立",而是可以"先立后破、不立不破"。当罪犯理解并接纳了新的、更合理的信念,他们的整个认知系统自然会进入一个调和、取舍的进程。

　　另外，我们不能仅仅站在监管安全、考核评比的角度，而要从罪犯自身需求的角度思考他们的信念系统的改善，注重利用、强化他们内在的成长动机，鼓励他们的积极想法和积极行动。

问题 3：如何对暴力高风险罪犯实施行为矫正

提问：行为矫正已经被运用于暴力高风险罪犯的矫正。讲到行为矫正，就让我想起了行为心理学的经典实验：巴甫洛夫的狗和斯金纳的老鼠。这两个实验都用动物实验验证了动物神经系统的条件反射和操作性条件反射，进而推断人也和动物一样，如果对其施加某一刺激，他就会产生某一相应的行为反应。我的问题是：在监狱环境下，对暴力高风险罪犯的行为矫正具体是如何实施的？

回答：在暴力高风险罪犯的教育中，行为矫正，特别是行为强化，是一种常用的方法。相较而言，知道"巴甫洛夫的狗"这个故事的人比较多。这个故事讲的是实验人员每次给狗送食物以前都会打开红灯、响起铃声（中性刺激物）。经过一段时间以后，只要红灯一亮或铃声一响，狗就开始分泌唾液。也就是说，中性刺激物也能引起本能反射。"斯金纳的老鼠"这个实验是把老鼠放进一个实验用的盒子里，起初老鼠在盒子里到处察看活动，当它碰巧用爪子压下控制杆时，盒子里的自动装置就通过内壁上的一个小洞送进一小块食物。这只老鼠很快就发现了只要它压下控制杆，就会得到一块食物的规律，因此开始不断按压控制杆。即使这只老鼠被拿出盒子一段时间，再次被放进后，它也会马上跑过去按压杠杆。在这里，按压控制杆被称为操作性行为，食物被称为强化物。

　　参照上面的例子，在罪犯教育的具体应用中，我们可以把民警希望罪犯发生的目标行为作为操作性行为，把能满足罪犯内心需求的事物作为强化物。比如，由于暴力高风险罪犯 A 的常见行为特点之一就是遇事容易头脑发热、脾气暴躁，最后经常升级为动手打人，因此民警在开展个别教育时，要求 A 只要遇到矛盾纠纷就向民警汇报。在这里，"遇到矛盾纠纷向民警汇报"就可以作为操作性行为。同时，民警通过分析发现，A 比较渴望能有多一点亲情电话的机会。那么，民警就可以把亲情电话作为强化物。每当 A 与他人发生矛盾纠纷，能做到向民警汇报而不是实施过激或其他失控行为，民警就及时对其进行表扬，并兑现亲情电话奖励。一段时间以后，在 A 自身的主观努力和民警的提醒督促下，A 就逐步形成了遇到矛盾纠纷向民警汇报的习惯。又比如，暴力高风险罪犯 B 很在意亲人的感受，那么民警可以把"告知家人"作为强化物，把"遇到矛盾主动回避"作为操作性行为。只要罪犯 B 与他人发生肢体冲突，民警就会把相关情况告知家属，并让他们协助开展亲情教育。通过一段时间的行为训练，B 就可能慢慢养成遇到矛盾主动回避的习惯。

民警在运用行为矫正方法时需要注意三点。一是所选择的"强化物"必须能起到强化目标行为的作用。比如，如果罪犯发生严重暴力违规，我们一般会对他处以严管或禁闭，但这样的惩罚并非对全部罪犯都有行为矫正的作用。有的暴力高风险罪犯对这样的处罚无动于衷，还有的甚至反而将能够忍受严管或禁闭、拒不认错作为骄傲的资本跟他犯吹嘘。二是行为矫正方法对应的重点对象是认知能力相对欠缺的人群。暴力高风险罪犯的一个普遍特点是认知水平不高，动手胜过动脑和动口，因此，对他们运用行为矫正方法还是比较有效的。三是实施之前尽可能和罪犯做好沟通，让罪犯了解这么做的原因，充分强化罪犯的参与意愿，避免流于"谈条件式"的相互妥协或"胡萝卜加大棒式"的利诱威逼。

问题 4：如何对不同类别的暴力高风险罪犯开展针对性教育

提问：我所在分监区有一名经验丰富的老民警，他包教了一名 23 岁的暴力高风险罪犯。不知道什么原因，这名罪犯对他的教育一直非常抵触，在最近一次个别谈话过程中，还试图攻击他。这件事在我们分监区影响比较大，大家都觉得很纳闷，因为这位民警在教育其他罪犯时都能取得很好的教育效果。有的罪犯有情绪波动，就只愿意找他谈，还有的罪犯怎么说、怎么惩罚也没用，但是这位民警去了，三言两语就解决了问题。看得出来，这位民警现在也很苦恼，不知道哪里出了问题。我想，罪犯的暴力行为可以分为不同的类型，适用的教育措施也应该是有区别的。我的问题是：罪犯的暴力行为有哪些类型？又分别可以采取哪些针对性的教育措施？

回答：对实施过暴力行为的罪犯开展教育，我们首先需要了解他做了什么、这样做的目的是什么、为什么不用其他方式？上海市监狱管理局在暴力高风险罪犯分类矫正实证研究中把罪犯的暴力行为分为表达型和工具型两大类。表达型暴力主要由外部环境激发，暴力行为具有较强的情绪性、情境性和爆发性，且具有一定的被动性；工具型暴力则主要由主观故意推动，暴力行为具有较强目的性、计划性和主动性。需要注意的是，在同一个暴力高风险罪犯身上，这两类暴力行为可能同时存在，只是在具体情境下有不同侧重而已。

表达型暴力罪犯的特点是行为自控能力不足，情绪稳定性较差，喜怒哀乐都写在脸上。他们在实施暴力行为的时候往往处于高亢的情绪状态，事后一般都能认识到错误并感觉后悔。这类罪犯的一个重要积极因素是主观上有一定的改变意愿，只是缺少改变的决心和方法。针对这一特点，我们的教育可以从以下四个方面着手：一是帮助他们学习、掌握情绪管理的技巧和方法，比如心理暗示、深呼吸、倒数数字，能够做到对矛盾冲突进行冷处理或是主动回避冲突情境。二是鼓励他们积极参与打球、下棋、唱歌等文化娱乐活动，以便在活动中及时宣泄日常积累的负面情绪，缓解内在的紧张感。三是引导他们学习相关心理学知识，进而觉察和分析内心冲突和负面情绪的来源，提升自我认知。四是加强他们与他人沟通的水平和能力。人际冲突是引发暴力行为的重要原因，如果罪犯能够通过练习与提高沟通技巧，有效减少自己与他犯、民警之间的矛盾，降低冲突升级为暴力行为的可能性，那么他们就能为自己创造一个更加顺利的改造环境，从而对自己的服刑生活有更多的掌控感，也因此对未来刑满释放后的生活有更多的信心。

工具型暴力罪犯实施暴力的目的性很强，要么是恶性竞争、掠夺，要么是报复、称霸。这类罪犯往往具有很深的暴力情结，在实施暴力行为后也缺乏内疚感，很少有认错悔过的意识。可以说他们的主观改变意识不强，甚至没有。即使有改变，也多是被动的。对他们的教育可以考虑以下三个方面。一是惩戒教育比说理教育更加有效。对照监狱规定，对他们的暴力行为及时给予惩戒，让他们切身感受到暴力行为给自己带来的不良影响，引发他们对监规纪律的敬畏感。二是亲情帮教。从心理学上说，暴力是对爱和关注的一种渴望，当"爱"这种成长中的必需品未曾得到满足时，他们就会走向破坏的极端。暴力习性越重，寓示爱的匮乏越重。一般而言，暴力的根源往往指向早年的母婴关系，如果可以借用亲情帮教的途径，引导罪犯父母以关心、呵护的方式表达对罪犯的关爱之情，这类罪犯坚硬的"外壳"或许可以被慢慢打开，进而呈现出其柔情的一面。三是要持之以恒。这点是我们反复强调的，希望这类罪犯在短期内发生彻底改变是很难的，因此民警在对他们开展教育时一定要有耐心，要能容忍、接受他们行为的反复。

关于你所提案例中的年轻罪犯，由于没有提供更加详细的信息，无法判断他为什么会有这样比较激烈的反应。不过，我认为个体差异是非常大的，就好像世上没有包治百病的神药，这位老民警也不可能能解决所有罪犯的问题。总体而言，倾听他们的人生故事，走进他们的内心，建立起相对稳固的信任关系，在这个基础上进行的针对性教育与引导往往能发挥更持久的教育功效。

问题 5：如何教育在日记中表达暴力想法的罪犯

提问：为了防止罪犯私藏违规品、违禁品和危险品，监狱经常开展清监活动。有一个罪犯平时表现一直很好，但民警在一次清监活动中从他的枕头里面搜出一个小本子，里面写满了辱骂他犯、民警和司法机关，以及企图行凶报复他人的文字。当时分监区认定这是违规行为，对他进行了扣分处理。事后我想，这名罪犯之所以没有公开辱骂他人或与他人发生冲突，也还未把行凶报复的想法付诸行动，有没有可能正是因为他的负面情绪已经通过书写的方式获得了宣泄。我的问题是：像这种在日记中表达暴力想法的罪犯，我们该如何教育？

回答：我认为罪犯如果只是在日记中有辱骂和表达暴力的想法，但还没有向他人公开或宣扬，他的行为就不存在明显的破坏性、危害性，也不存在影响他人和改造秩序的后果，所以应该与公开辱骂、威胁他人或实施暴力的行为区别对待。从民警角度而言，在日记中宣泄攻击性幻想不是什么好办法，但对这个罪犯而言可能是有积极意义的。如你所分析的，或许这个罪犯正是因为通过日记宣泄了负面情绪，这才使得他在现实中没有真的实施暴力行为。

不过需要注意的是，罪犯表面上的安全稳定并不等于真的安全稳定。既然他的日记中出现了这样的内容，说明他心中的愤怒、怨恨情绪已经达到了一定的强度，甚至已经处于即将付诸行动的阶段，因此其潜在的暴力风险不容忽视。民警发现这种情况后，可以在狱政管理上第一时间对当事罪犯和相关他犯进行询问，了解详细信息，以便为下一步的处置、教育奠定基础。

关于如何教育，我认为首先是基于已经掌握的信息，与当事罪犯共同面对、分析引发此次事件的原因及对他的影响、伤害，并在情感上给予理解和支持；其次是就事论事，依法依规解决问题，为当事罪犯提供有效的沟通、解决途径，努力化解矛盾、调解纠纷；最后是共同面对已经无法改变的现实及无法弥补的伤害，肯定当事罪犯已经采取的克制、不进行人身伤害的宣泄行为，进一步把当事罪犯的注意力转向如何避免更严重后果的冲突和伤害。

罪犯中比较常见的宣泄行为还有损坏物品、诬告、栽赃等，民警在处理过程中需要注意罪犯行为背后隐藏的愤怒情绪。在我们的日常工作中，帮助暴怒罪犯宣泄愤怒情绪的常用方法有击打橡皮人、大声吼叫等。这些方法一般可以起到让罪犯在短时间内平复情绪的作用。另外有两点也需要特别注意。第一，如果某一民警正好就是罪犯针对的对象，他很难心平气和，更难以理解、帮助罪犯，此时转由其他民警来开展教育工作反而会取得更好的效果。第二，在分析罪犯汇报的相关情况之后，民警可能发现并没有明显的问题，是罪犯小题大做或无中生有，但是罪犯的感受、情绪又是真实存在的。"汝之蜜糖，彼之砒霜"，对一个人而言的小事对另一个人却可能无法忍受、利益攸关。也就是说，不同的人对同一件事会有不同的判断。这时我们关注的重点就要从事件转移到罪犯的成长经历、心理特征、人际关系，因为此时一般的分析、调解很难解决问题，必须促进罪犯更深层次的自我探索、自我觉察。另外，适当的放松训练、文娱活动也可以帮助罪犯纾解负面情绪，如有必要，还可以帮助罪犯寻求更专业的心理咨询。不过，如果罪犯已经伴有严重的焦虑，或出现妄想、幻觉等症状，就已经超出了教育的范畴，应该对当事罪犯加强监管并进行精神鉴定和专科治疗。

问题6：如何教育经常做噩梦的暴力高风险罪犯

提问：我在工作中曾多次遇到暴力高风险罪犯自述睡眠不好、做噩梦的情况。比如，有罪犯说他梦到有人追杀他，感觉一直在跑，直到最后被吓醒，而且常常会被吓出一身冷汗；有罪犯说梦到自己掉进了一个无底洞，四周漆黑一片，他一直往下掉，想喊"救命"也喊不出来，努力想抓住什么东西却总是抓不住，直到被惊醒；也有罪犯说梦到自己杀人分尸、吃人肉，双手沾满了鲜血，在梦里还感到非常兴奋，醒来又觉得非常害怕；还有罪犯白天做事情的时候很容易走神，会情不自禁地出现一些被人迫害的幻想，或者听到有声音指使他去杀掉某个人……这些罪犯都反映：因为做噩梦，夜里睡不踏实，白天没有精神，因此非常担心发生精神问题。我的问题是：遇到暴力高风险罪犯汇报这类噩梦，我们该如何教育比较合适？

回答：不止暴力高风险罪犯，很多人都有做噩梦的经历。人们在做噩梦时往往感到胸口受到压迫，难以呼吸，身体瘫痪，无法动弹。引发噩梦的主要因素是各种各样的心理压力以及人际关系变化，而创伤性事件会增加噩梦的严重程度，身体疾病及伴随而来的精神压抑也是诱因之一。大多数噩梦受害者对外界的刺激异常敏感，可以说，他们脆弱、敏感、心理界线薄弱、易渗透。

文化和心理学上一直很重视对梦的研究，认为梦是我们内心深处的奥秘。我曾经遇到一个做噩梦的罪犯，当他把噩梦告诉他犯的时候，有的叫他不要胡思乱想，有的则嘲笑他，让他感觉非常气愤，他也因此经常与他犯发生冲突，甚至实施了暴力违规行为。我认为如果有暴力高风险罪犯汇报他的噩梦，我们首先要意识到他的汇报不仅是出于对我们的信任，也是在向我们传递求助的信号，所以对于噩梦带给他的恐惧感，我们要表达理解，而不是漠不关心或随便泄露他的梦，更不能公开谈论或嘲笑他的梦。其次，解梦是非常专业的工作，特别是感受性强烈、反复出现的梦，往往具有特殊的含义。我们可以让罪犯复述或者写出（画出）他的噩梦，并根据梦里的情节和感受进行自由联想，但要注意不能牵强附会、随意解释。如果自认没有解梦的能力，最好是求助专业人员。最后，因为噩梦可能与罪犯的创伤经历、现实困境、身心状态等有关，当得知罪犯经常做噩梦、睡眠不好的时候，我们必须予以更多的关注，求助专业医师对其进行身心健康检查（如有必要进行药物治疗）。

另外，还有一部分暴力高风险罪犯会做很清晰的白日梦，也就是习惯性（或强迫性）地幻想一些暴力的情景，比如杀死某个人，或者被别人追杀。有的在看到刀工具、电影中的暴力镜头、红颜色时也会产生对杀人、血腥的幻想。这些白日梦和幻想会让他们感到很困惑甚至很痛苦，如果他们跟他犯倾述或者向民警汇报，我们必须引起高度重视，落实必要的安全管控措施，确保罪犯自身、他犯、民警和监狱安全。

问题 7：如何更有效地开展暴力高风险罪犯的亲情帮教

提问：暴力高风险罪犯 A 经常表现出对监狱管理的抵触情绪，曾多次殴打他犯，还自制凶器企图伤害他犯。出于教育 A 的目的，监狱安排民警到 A 家中走访。A 的家人非常理解和支持监狱的工作，他们不仅在现场拍摄的视频中就对 A 进行了批评教育，之后还经常在书信、亲情电话、会见中要求 A 听管服教、踏实改造。一般罪犯经过亲情帮教，在言行上都会有很大的改进，并且对监狱花费时间、人力和物力帮助他们表示感激。但是奇怪的是，罪犯 A 经过家人的亲情帮教后，改造表现不但没有好转，反而越来越糟糕，对民警还表现出更加明显的抵触情绪。我的问题是：亲情帮教可以说是教育、转化罪犯的一个常用方法，为什么有的亲情帮教却没有效果？

回答：的确，在日常工作中，并不是所有亲情帮教都有效。我觉得无效的首要原因是罪犯与亲人之间一直以来的沟通方式有问题，比如亲人始终站在道德的制高点居高临下地批评指责罪犯，而罪犯将自己走上犯罪之路归咎于亲人。如果罪犯与亲人双方都没有反思和改善这种"暴力"的沟通方式，亲情帮教就很容易适得其反。在你提供的罪犯 A 的亲情帮教个案中，罪犯 A 可能并没有感受到来自家人的关心、理解、支持，因而与其家人之间存在"批评—辩护""要求—拒绝"的对抗模式。如果我们要用亲情帮教的方式教育这样的罪犯，首先需要引导罪犯及其亲人反思他们的沟通方式，并尝试倾听对方、关注对方的感受，多一些自我反思，少一些批评指责，带着亲情开启"非暴力"沟通。

其次，在这个个案中，分监区安排亲情帮教或向罪犯亲属通报有关信息前可能并没有征得罪犯的同意。暴力高风险罪犯一般都自尊心强、内心敏感、边界意识强，"被安排亲情帮教"很容易让他们感到被侵犯、被操控。如果是在罪犯改造表现不好的情况下"被安排亲情帮教"，还容易让他们感到被逼迫、绝望。罪犯往往还有害怕见亲属、害怕给亲属丢脸、害怕给亲属添麻烦等想法，虽然想见，但认为还是不见更省事。一般情况下，监狱要与罪犯亲属联系，罪犯具有知情权，如果要开展亲情帮教，我认为应该告知当事罪犯并且取得他的同意，不能把亲情帮教作为一个必须完成的任务，否则极有可能事倍功半甚至事与愿违。对于不愿意参加亲情帮教的罪犯，我们更应该关注他的家庭情况、成长经历、与亲人的关系，理解罪犯的决定，利用亲情规制罪犯的改造行为更需谨慎。

最后，罪犯的暴力行为问题更深层次的原因是早年抚养关系问题。不少暴力高风险罪犯早年都比同龄人更调皮，也受到抚养人更为严格的管控、教育。孩子的调皮可能正是因为感到被抚养人所忽视，想要引起抚养人的关注，而抚养人的管控、教育并没有给到孩子想要的关注，而是在完成自己的愿望、宣泄自己的情绪。这种错位如果没有被及时觉察和纠正，就会导致抚养关系畸形发展。这种畸形的抚养关系不仅影响成长期的孩子，也持续影响家庭的氛围，使孩子过早离开家庭，与抚养人渐行渐远直至形同陌路。还有一些暴力高风险罪犯生长在特殊的家庭，抚养人根本没有能力和条件给他们提供足够的关注、安全感，比如早年经历父母离异、父母外出务工、被福利院收留的孩子，为了自我保护，他们屈从并加入欺凌他的团伙，逐步走上暴力犯罪的道路。这些罪犯内心有很深的芥蒂，因此对这类罪犯开展亲情帮教可以取得怎样的效果，我们不能有过高的期待。

问题 8：如何避免被暴力高风险罪犯激怒

　　提问： 我是一名分监区的管教副分监区长。我发现自己在教育一些暴力高风险罪犯时，开始都能够做到就事论事，心平气和，也感觉罪犯还比较配合，会积极回应我提出的问题。可是随着交流的深入，就发现这些罪犯思想顽固，他们的回应充满着狡辩，还透露出抵触情绪，有的甚至表现出明显的敌意。这种时候，我的情绪会变得越来越激动，还会感到很愤怒，无法继续教育工作，当然也谈不上取得什么教育效果。事后反思，我在和其他罪犯交流时，很少出现这样的情形。我的问题是：暂且不管我的教育方法和内容如何，在教育暴力高风险罪犯时，我该如何避免被他们激怒？

　　回答： 从我的实践经验来说，在与罪犯的教育或咨询关系中，我越投入就越容易产生情绪反应。要完全避免被罪犯激怒，除非像一个毫无情感投入的机器人，或者已经修炼到相当的境界，但是我相信大多数基层管教民警都是跟你我一样的普通人，会有情绪，也会被罪犯激怒。要减少被罪犯激怒，我认为我们要理解自己为什么愤怒。

首先，暴力高风险罪犯如果实施违规违纪、对抗管教的行为，他们的敌意和攻击性会激发我们的自我保护反应，并在瞬间完成自动化评估。如果我们判断自己可以控制局面，我们可能会产生愤怒情绪，由此激发我们当场制服罪犯；如果我们判断自己难以控制局面，我们可能会产生恐惧情绪，由此激发我们选择冷处理。至于在事发现场，我们会作出什么样的自动化评估，主要取决于我们的个性特征，也与我们平常接受的管理要求、心理暗示有关。个性特征是难以改变的，而通过日常管理和心理暗示可以影响我们在事发时的自动化评估。

其次，暴力高风险罪犯如果实施违规违纪、对抗管教的行为，我们也会产生"挫折—攻击"反应。我们的管理要求已经设定罪犯的违规违纪、对抗管教行为明示、暗示是管教民警的工作不力，因此我们前期在当事罪犯身上做的工作越多、投入的时间越多，我们越会感到挫败，而挫败会伤害我们的自恋、自尊，需要通过攻击当事罪犯扭转局面，"反败为胜"，重新满足我们的自恋、自尊需求。也就是说，在发起攻击之前，我们会自动唤起愤怒的情绪，使我们进入攻击的状态。要解决这个问题，需要监狱在管理、考核上客观评价管教民警的工作，肯定管教民警日常工作的价值，理性看待暴力高风险罪犯违规违纪的必然性。另外，我们自身也要清楚，罪犯不可能完全按照我们的设想改造，我们的能力、影响力是有限的，不能太过理想化、期望也不能太高。如此，在罪犯的表现不如我们所愿时，我们的挫败感就会轻一些，相应地，也就不容易产生愤怒。

最后，暴力高风险罪犯会通过他们的行为和态度，使我们被激发从而产生他们曾经表现过的愤怒，这在心理学上被称为"投射性认同"。有时候这些罪犯还没有达到违规违纪的程度，但是我们看他们就是不舒服，或者在跟他们谈话（咨询）的过程中，我们无缘无故地感到愤怒。此时，正是罪犯在用一种"隐秘的方式"告诉我们他们曾经的感受。如果理解了"投射性认同"，我们就能理解我们的愤怒是罪犯投射过来的，而他们之所以会把他们的愤怒投射给我们，是因为他们还没有能力转化他们的愤怒，如果我们也没有能力转化这份投射过来的愤怒，我们就会被激怒，继而回避、压抑或直接发泄出来，反之我们就能接住这份愤怒，涵容并转化它。

上面讲的三种情况实际上是不容易区分的。总体而言，暴力高风险罪犯之所以能"勾引"出我们的愤怒，和我们自身的心理状态、认知水平也密切相关。孔子尚且"六十耳顺"，如果我们的情绪、心态有时候会被暴力高风险罪犯扰动，是很正常的事情。《菜根谭》里有一句话，"降魔者先降自心，心伏则群魔退听；驭横者先驭此气，气平则外横不侵"。要做到不被暴力高风险罪犯激怒，需要我们不断精进、持续修炼。

问题 9：如何开展暴力高风险罪犯团体辅导

　　提问：近年来，团体辅导在教育改造罪犯的实践中得到越来越多的运用。像我所在的监狱有开展暴力高风险、自杀高风险和重新犯罪高风险罪犯的团体辅导。团体辅导因其交互式、沉浸式、场景式的体验得到罪犯比较好的评价。一些罪犯一开始参加时不情不愿，有的还认为自己被监狱划分为"刺头"，因而感到委屈或愤怒，后被告知是自愿参加，感觉也不错，他们又抱着看看的态度继续参加，到了后来有些罪犯变得非常期待参加团体辅导，还有些罪犯来询问能不能也让他们参加。监管民警也感觉到一些罪犯在参加团体辅导后变得愿意跟民警交流了，也能更好地与他犯和家人沟通。虽然团体辅导对于像我这样的监区基层民警过于专业，以后大概率也不会去做这方面的工作，不过我有点好奇八九个暴力高风险罪犯一起参加辅导的场景。我的问题是：一般而言，暴力高风险罪犯是怎么开展团体辅导的？

　　回答：很多知识不是非得用到才去了解和学习，看似无用的知识会在不同程度上拓展我们的知识边界。团体辅导是在团体的情境下进行的一种心理辅导形式，目的是通过团体内人际交互作用，促使个体在交往中观察、学习、体验，认识自我、探索自我、调整改善与他人的关系，学习新的态度与行为方式，以促进良好的适应与发展的助人过程。

暴力高风险罪犯团体辅导整体遵循"认知基础教育—行为应对训练—认知巩固提升"三步走的脉络，每一次团体辅导按照"热身—工作—巩固—作业"四个环节规范实施。整个实施过程注重由浅入深，由易到繁，以便参与成员学习掌握，顺利达成团体辅导目标。团体辅导中要注意的重要环节包括：

一是团体辅导"场"的建立。可以说，构建自由、安全的团体辅导"场"是重中之重。构建团体辅导"场"往往包括签订《团体契约》、设立团体成员的行为和言语规范、强调保密原则等内容。另外，在团体辅导过程中，咨询师要：①及时指出并制止团体成员的攻击性言行；②注意保持价值中立；③鼓励参与成员的自由充分表达。

二是"此时此刻"技术的应用。咨询师要时刻关注团体辅导过程中每一位成员的反应，特别是重点人员的反应，适时适度进行引导，启发他们对自己此时此刻的情绪和行为进行思考和自我觉察。比如：在团体辅导过程中，如果因观点不和，两名成员发生了言语上的冲突。咨询师要适时进行打断，并向其提出问题："刚才他的哪些话让你感到不舒服？""当时你的心里是什么感受？""类似的场景在日常改造和过往生活中有没有发生过？""其他人呢，你们对刚才发生的事有什么想法？""当此类事情发生时，我们有没有更合理的应对？""我作为一名旁观者，我是这么看待这件事"……咨询师可以通过诸如此类的提问，引导成员把"此时此刻"自身的感受、认知及行为与日常的改造行为、生活经历进行链接，寻找其中的联系和共通之处，引发他们的思考与自我觉察，发现自身存在的不合理信念和行为。

三是家庭作业技术。布置家庭作业是团体辅导的重要环节，比如，某犯在参与"情境冲突模拟"主题团体辅导后写道："今天的情景模拟活动，虽然是其他人在演，但我就像看见了我自己，以前我只会看见他人的不对，今天我发现了自己的问题……"家庭作业的撰写不仅是罪犯对每次团体辅导活动的反思和总结，同时也可以成为下一次团体辅导讨论学习的重要资源。

四是视频资料的应用。相比其他感官，视觉提供的信息是最丰富的。根据参与者的受教育程度、入狱前后暴力史，咨询师可以结合每一次团体辅导主题，精心挑选具有针对性、启迪性的视频资料。有时一个短短3分钟的视频就能发挥意想不到的效果，比如曾经有参与的成员表示："这些视频很走心，说实话，看一遍好过分监区民警教育半天，甚至比咨询师说的还有帮助！"

附录是我们设计并反复实践过的暴力高风险罪犯团体辅导项目实施内容概要，可以供你参考。

附录：暴力高风险罪犯团体辅导项目实施内容概要

一、基础阶段

（一）相逢是缘，建立团体场

1. 歌曲《相逢是首歌》。

2. 游戏：别样点名：①介绍团体建立的目的；②团体成员分享对团体的期待；③讨论制定团体契约。共同宣读团体契约，进一步强化场的建立。

3. 记住团体成员的基本情况。

（二）我是谁？促进团体成员的自我认知

1. 歌曲《我》。

2. 游戏：写"E"。①视频"内在自我与公众自我"检测实验；②每一位成员在白纸上写下20个自我；③分享每一位成员眼里的他人。

3. 讨论：为什么自己眼里的"自己"与他人眼里的"自己"有区别；继续寻找自我：问问他人眼里的"自己"。

（三）认识愤怒，了解愤怒发生机制

1. 歌曲《存在》。

2. 游戏：照镜子。①讲解愤怒情绪自我管理的基本知识；②每一位成员分享自己的愤怒故事；③应用：如何面对警官的严厉批评，如何应对他犯的辱骂。

3. 练习愤怒情绪管理的四个方法：信念转换；心理暗示；行为转换；寻求帮助，找到最适合自己的愤怒控制方法，并进行实践练习。

（四）神奇的 ABC

1. 视频《你怎样看自己》，讨论视频观后感。

2. 讲解 ABC 理论的基本原理；ABC 理论实践案例运用。

3. 尝试用 ABC 理论重新认识并解决自己的日常情绪与行为困扰。

二、训练阶段

（五）愤怒应对——有效应对轻度愤怒情景

1. 视频《幸福为什么那么难》，成员分享观后感。

2. 分组情景模拟：①模拟你不小心踩到他犯，他犯骂你；②每位成员谈参与情景模拟体会、感悟；③总结愤怒情景应对方法。

3. 总结并在日常生活实践中应用轻度愤怒应对技巧和方法。

（六）愤怒应对——有效应对中度愤怒情景

1. 故事《垃圾人》，成员分享观后感。

2. 分组情景模拟：①模拟早上排队洗漱时，他犯不小心碰到你，但是他反而指责你"没长眼睛"；②每位成员谈参与情景模拟体会、感悟；③总结愤怒情景应对方法。

3. 总结并在日常生活实践中应用中度愤怒应对技巧和方法。

（七）愤怒应对——有效应对强愤怒情景

1. 视频《NBA 奥本山宫殿冲突视频》，成员分享观后感。

2. 分组情景模拟：①模拟你和他犯发生争执，他犯动手打了你；②每位成员谈参与情景模拟体会、感悟；③总结愤怒情景应对方法。

3. 总结并在日常生活实践中应用强愤怒应对技巧和方法。

三、巩固提高阶段

（八）真正的强大

1. 视频：崔万志励志演讲《抱怨没有用》，成员分享观后感。

2. 分享讨论什么是强大？总结提升强大的认知：强者有畏，强者有志，强者有缺，强者有情，强者有容。

3. 寻找身边和生命中的强者。

（九）十年后的你——激发成员对未来的期许和信心

1. 歌曲《我的未来不是梦》。

2. 视频《我的世界不一样》：①每位成员回顾团体辅导前的自己以及团辅带来的改变；②每位成员描绘十年后的自己；③每位成员挑选另一位成员代表未来的自己，告诉"未来的自己"自己的决心和努力方向。

3. 制定《十年规划书》。

（十）永远相信

1. 视频《生命列车》。

2. 祝福。①带领成员一起回顾前面9次团体辅导历程。②每位成员相互祝福。赠送每位成员一张明信片，表达期许和祝福。③合唱歌曲《祝福》。

3. 合影留念。

参考文献

1. Adams, K. , "Adjusting to prison life", *Crime and Justice*, (1992) 16.

2. Akman, D. , "Homicides and assaults in Canadian penitentiaries", *Harvard Journal of Penology and Crime Prevention*, (1966) 12.

3. Anderson, E. , *Code of the street: Decency, violence and the moral life of the inner city*, New York: W. W. Norton, 1999.

4. Beccaria, C. , *An essay on crimes and punishments*, Indianapolis, IN: Hackett Publishing Company Inc, 1986 (1764).

5. Becker, G. S. , "Crime and punishment: An economic approach", *Journal of Political Economy*, (1968) 76.

6. Bentham, J. , *An introduction to the principles of morals and legislation*, New York: Hafner Press, 1948

（1789）.

7. Bottoms, A. E. , "Interpersonal violence and social order in prisons", *Crime and justice*, （1999）26.

8. Cao, L. Q. , Zhao, J. H. & Vandine, S. , "Prison disciplinary tickets: A test of the deprivation and importation models", *Journal of Criminal Justice*, （1997）25.

9. Collins, R. V. , *Violence: A micro-sociological theory*, Princeton University Press, 2008.

10. Collins, R. V. , "Micro and macro causes of violence", *International journal of conflict and violence*, （2009）3.

11. Cox, V. C. ,Paulus, P. B. & McCain, G. , "Prison crowding research: The relevance of prison housing standards and a general approach regarding crowding phenomena", *American Psychologist*, （1984）39.

12. Dilulio, J. J. , *Governing prisons*, New York: Free Press, 1987.

13. Edgar, K. , O'Donnell, I. & Martin, C. , *Prison violence: The dynamics of conflict, fear and power*, Cullompton: Willan Publishing, 2002.

14. Ellis, D. , Grasmick, H. & Gilman, H. , "Violence in prison: A sociological analysis", *American Journal*

of Sociology, （1974） 80.

15. Felson, R. B. , "Is violence natural, unnatural, or rational? ", *The British Journal of Sociology*, （2009） 60.

16. Flanagan, T. J. , "Correlates of institutional misconduct among state prisoners", *Criminology*, （1983） 21.

17. Gaes, G. G. & McGuire, W. J. , "Prison violence: The contribution of crowding versus other determinants of prison assault rates", *Journal of Research in Crime and Delinquency*, （1985） 22.

18. Harer, M. D. & Steffensmeier, D. J. , "Race and prison violence", *Criminology*, （1996） 34.

19. Harer, M. D. & Langan, N. P. , "Gender differences in predictors of prison violence: Assessing the predictive validity of a risk classification system", *Crime and Delinquency*, （2001） 47.

20. Hwang, K. K. , "Face and Favor: The Chinese Power Game", *The American Journal of Sociology*, （1987） 92.

21. Homel, R. & Thomson, C. , "Causes and prevention of violence in prisons", in S. O'Toole & S. Eyland （Eds. ）, *Corrections criminology*, Sydney: Hawkins Press, 2005.

22. Irwin, J. & Cressey, D. , "Thieves, convicts, and the inmate culture", *Social Problems*, (1962) 10.

23. Jiang, S. & Fisher-Girolando, M. , " Inmate misconduct: A test of the deprivation, importation, and situational models", *The Prison Journal*, (2002) 82.

24. Lahm, K. F. , "Inmate-on-inmate assault: A multilevel examination of prison violence", *Criminal Justice and Behavior*, (2008) 35.

25. Mackenzie, D. , " Age and adjustment to prison", *Criminal Justice and Behavior*, (1987) 14.

26. McCarthy, B. , " New Economics of Sociological Criminology", *Annual Review of Sociology*, (2002) 28.

27. McCorkle, R. C. , Miethe, T. D. & Drass, K. A. , "The roots of prison violence: a test of the deprivation, management, and ' not-so-total ' institution models", *Crime and Delinquency*, (1995) 41.

28. Rolfe, S. M. & Tweksbury, R. T. , " Violence in Prison", in Worely, R. & Worely, V. (Eds.), *American Prisons and Jails: An Encyclopedia of Controversies and Trends*, Publisher: ABC-CLIO, 2018.

29. Sykes, G. , *The society of captives*, Princeton: Princeton University Press, 1958.

30. Woolredge, J., "Correlates of deviant behavior among inmates of U. S. correctional facilities", *Journal of Crime & Justice*, (1991) 16.

31. Woolredge, J. ,Griffin, T. & Pratt, T., "Considering hierarchical models for research on inmate behavior: Predicting misconduct with multilevel data", *Justice Quarterly*, (2001) 18.

32. ［奥］阿德勒著,李章勇译:《自卑与超越》,中国华侨出版社 2014 年版。

33. ［印］阿马蒂亚·森著,李风华等译:《身份与暴力——命运的幻象》,中国人民大学出版社 2009 年版。

34. ［美］菲利普·津巴多著,孙佩妏、陈雅馨译:《路西法效应——好人是如何变成恶魔的》,生活·读书·新知三联书店 2010 年版。

35. 费孝通:《乡土中国》,人民出版社 2008 年版。

36. 赖修桂:"狱内暴力犯罪初探",载《政法论坛》1998 年第 4 期。

37. 范俊儒:"狱内罪犯斗殴的特点、原因分析及改造对策",载《犯罪与改造研究》2010 年第 2 期。

38. 耿秀文:《为什么打架——暴力与攻击》,上海科学技术出版社 2002 年版。

39.〔美〕亨利·查尔斯·李著，X. Li 译：《迷信与暴力：历史中的宣誓、决斗、神判与酷刑》，广西师范大学出版社 2016 年版。

40.〔美〕卡尔·罗杰斯著，石孟磊等译：《论人的成长（第二版）》，世界图书出版有限公司 2018 年版。

41. 靳高风等："个人极端暴力事件防控对策研究"，载《中国人民公安大学学报（社会科学版）》2013 年第 5 期。

42. 连春亮："罪犯监狱生存的暴力法则——孙平教授《监狱亚文化》的深化研究"，载《犯罪与改造研究》2015 年第 11 期。

43.〔美〕洛罗·梅著，郭本禹、方红译：《权力与无知：寻找暴力的根源》，中国人民大学出版社 2013 年版。

44.〔美〕马歇尔·卢森堡著，阮胤华译：《非暴力沟通》，华夏出版社 2009 年版。

45.〔美〕Raymond G. Miltenberger 著，石林等译：《行为矫正——原理与方法（第五版）》，中国轻工业出版社 2015 年版。

46.〔美〕斯蒂芬·平克著，安雯译：《人性中的善良天使：暴力为什么会减少》，中信出版社 2015 年版。

47. 孙平：《监狱亚文化》，社会科学文献出版社

2013 年版。

48. 徐光兴:《解梦九讲——心理咨询与治疗的艺术》,华东师范大学出版社 2015 年版。

49. 周耕妥、王文来:"浙江监狱工作 70 年回顾",载《罪犯与改造研究》2020 年第 8 期。

50. 〔美〕Richard K. James、Burl E. Gilliland 著,肖水源、周亮等译校:《危机干预策略(第七版)》,中国轻工业出版社 2018 年版。

51. 张赛宜:"反社会人格障碍与暴力犯罪——对郑民生校园杀凶案件心理分析",载《政法学刊》2010 年第 4 期。

图书在版编目（ＣＩＰ）数据

狱内暴力防控手册/郭晶英，傅华军，付钊生著.—北京：中国政法大学出版社，2022.12
　ISBN 978-7-5764-0731-0

　Ⅰ.①狱…　Ⅱ.①郭…　②傅…　③付…Ⅲ.①监狱—管理—中国—手册
Ⅳ.①D926.7-62

中国版本图书馆CIP数据核字(2022)第218511号

出版者	中国政法大学出版社
地　址	北京市海淀区西土城路 25 号
邮　箱	fadapress@163.com
网　址	http://www.cuplpress.com (网络实名：中国政法大学出版社)
电　话	010-58908435(第一编辑部) 58908334(邮购部)
承　印	固安华明印业有限公司
开　本	880mm×1230mm　1/32
印　张	4.75
字　数	80 千字
版　次	2022 年 12 月第 1 版
印　次	2022 年 12 月第 1 次印刷
定　价	29.00 元